1日10分で呼吸と心が調う

癒しの声明《しょうみょう》

The chanting of Buddhist hymns

CDブック

功徳院住職

松島龍戒

Matsusima Ryukai

WAVE出版

はじめに

みなさんは「声明《しょうみょう》」という言葉をご存知ですか？

声明は、お経に旋律をつけたもので、音楽によって仏さまの教えを感じようとする、お経の唱え方のひとつです。

今、仏教がふたたび注目されていると同時に、僧侶が唱える声明に心を癒されるとおっしゃる人が増えています。さらには、声明のもつ癒しの力、心を鎮《しず》める力を必要としている人が増えているといったほうがよいかもしれません。

現代はさまざまな物事がめまぐるしく変化し、テレビやインターネットによって情報があふれかえっています。反面、人間関係は希薄になると同時にSNSなどを介してあらたな軋轢《あつれき》を生んだりしています。

そんな時代に生きるということは、これまでの人類が経験してこなかったストレスに常にさらされているということです。それらのストレスを和らげるには、あれやこれやと考えすぎる頭をすっきりと片づけ、心を落ち着かせてあげる必要がありましょう。

そのために有効な方法として、瞑想やヨーガ、呼吸法などを日常生活に取り入れているかたも多いかと思いますが、ここでご紹介する「声明」も、大きな癒しのツールと考えていただいて結構です。

ところで、みなさんにとってお寺とはどんな場所でしょう。

お葬式をするところ？　お墓参りをするところ？

どちらでもないときに行くのは、京都や鎌倉などにある観光名所となっているお寺ぐらい……というかたも多いのではないでしょうか。

声明は、ほとんどそのお寺の中でしか出会うことができないものでした。

仏教への関心が高まっている最近でこそ、声明を聴くためにお寺に行くかたも増えましたが、お寺でしか声明を聞くことができないのはもったいないと、声明を誰でも味わっていただけるよう、現代仏教音楽研究会ではコンサート活動やCDの制作などの取り組みを続けています。

そこではじめて声明に触れたかたの声を聞くたびに、声明に癒しの力があること、お寺の外でも声明を披露することの必要性を実感しています。

本書は、豊かな表現力で癒しを与えてくれる声明を、いつでも気軽に聴いていただけるよう、CDが付録されま

した。また第2章では、実際に読者自身も声明を唱えてみることを通して、呼吸と心を調える方法をご紹介します。

多くのかたがたにとって普段触れる機会のすくない、お経の声「声明」が、日々の生活にすこしでもお役に立つことができれば、僧侶として、これ以上うれしいことはありません。

合掌

松島龍戒

1日10分で呼吸と心が調う
癒しの声明　CDブック
Contents

第3章 声明をもっと味わう

第4章

声明を聴きに、お寺に行こう
——お寺とお坊さんを知るQ＆A

【ＣＤインデックス】

●CD−1　打《だ》磬《けい》

●CD−2　四智梵語《しちぼんご》（約４分）

……人に優しい気持ちになりたいとき

●CD−3　対《たい》揚《よう》（約６分半）

……まわりのいうことにしっかりと
向き合いたいとき

●CD−4　云何唄《うんがばい》（約７分）

……イライラする心を静めたいとき

●CD−5　礼《らい》文《もん》（約５分）

……自分の行動、言葉、心を省みたいとき

●CD−6　追弔《ついちょう》和讃《わさん》（約６分）

……悲しい気持ちをやわらげたいとき

●CD−7　四智梵語《しちぼんご》（約５分）　※楽曲付き

●CD−8　般若心経《はんにゃしんぎょう》（約３分半）　※楽曲付き

……冷静に、広い視野で自分と世の中を
見つめたいとき

●CD−9　振《しん》鈴《れい》

CDの聴き方

・朝起きてすぐ、健やかな一日のはじまりに
・ストレスフルな日常の合い間に
・朝晩の通勤電車の中で
・家事や仕事の息抜きに
・焦りや不安、しんどさを感じたとき
・忙しい日々が続いて、ちょっと疲れているとき

・仕事や勉強の集中力を高めたいとき
・心を一旦リセットしたいとき
・お休み前のリラックスタイムに
・今は亡き大切な人に思いを馳せたいとき
・良いとき、悪いとき、どんなときでも

CD演奏者
【Track-7 四智梵語】
・ピアノ　船山美也子
・第一バイオリン　杉原蓮子
・第二バイオリン　橘和則子
・ビオラ　西村葉子
・チェロ　下斗米恒介
【Track-8 般若心経】
・ピアノ　藤林明子

カバーデザイン　井上新八
本文デザイン　松好那名
イラスト　二木ちかこ
写真　榊智朗
編集　佐藤葉子

第1章

聴《き》くだけで癒《いや》される声明《しょうみょう》

声明ってどんなもの？

　この本を手に取っていただいているのは、本屋さんでたまたま目に留めてくださったかたでしょうか。あるいはすでにお経や声明に興味をもってくださっているかたかもしれませんが、一般的に「お経」や「声明」と聞くと、

「なにをいっているのかわからない」

「むずかしそう」

と感じられるかたも多いかもしれませんね。

　お経や声明で主に唱えているのは、今から約2500年前、インドでお生まれになったお釈迦《しゃか》さまが人々に説《と》いた言葉を、お釈迦さまの死後、お弟子たちがまとめられたものです。

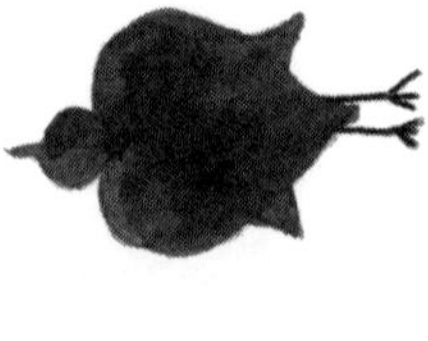

仏教がインドから中国に伝えられた際に、サンスクリット（梵語）のお経が漢文に翻訳され、それが日本にも伝わってきました。

漢文のままなのは、翻訳をかさねてゆくことで、伝言ゲームのようにもともとの教えから意味合いが変わってしまうのを避けるためです。当時の人々は「なるべく、ありがたい原文に近い形で」と考え、日本でもお経を漢文のまま（中国語読みのまま）唱えるようになりました。

その後、宗派や時代によってはお経を和訳したものもあり、日本語のお経を唱えることもありますが、よく耳にする多くのお経や声明が「聞いても意味がわからない」のは、お釈迦さまの言葉をなるべく忠実に再現しようとしているからなのです。

お経や声明は、聞いただけでは意味がわからなくても、**その音を聞くだけで、声に出すだけで、あるいは書くだけでも、その「ありがたい教え」や「生きとし生けるものを救う祈り」など、功徳《くどく》を受け取ることができる力をもっているのです。**

まずは聴いてみよう

それでは、ここで実際にCDを聴いてみましょう。

ひとくちに声明といっても、どうやって何を聴いたらいいのか見当もつかないかもしれません。

そこで、本書の付属CDには、声明曲の中でも唱えられる機会の多いメジャーな曲と、代表的なご詠歌《えいか》、そして多くの宗派で共通して唱えられるお経である「般若心経《はんにゃしんぎょう》」（読経）を収録しましたので、さまざまなタイプの声明やお経を体験していただけると思います。

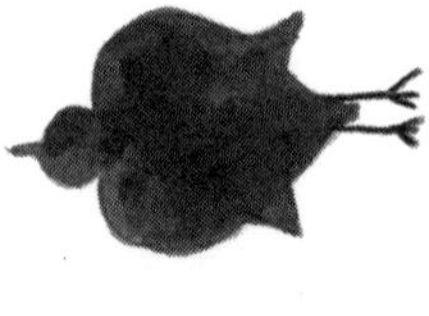

曲の意味やその教えについては次の項でやさしくご紹介しますが、まずは意味などは考えずにお聴きください。**自分自身の気持ちを見つめるときのＢＧＭであるかのように**聴いていただいてもよいかと思います。

声明やお経を聴くときには、うれしく感じれば喜び、悲しみに共鳴したなら悲しみ、心がわき立つような思いがしたら沸き立つままに……それでよいでしょう。

人には、悩みや苦しみ、不安や怒り、自己反省など、さまざまな思いがあります。**声明は、そのようなさまざまな心境に、いつでも寄り添ってくれるものです。**なぜなら声明は「仏さまの祈りの声」だからです。

たとえば、落ち込んでいるとき、誰かがそばにいてくれるだけで、理屈抜きでありがたい気持ちになることがあるように、声明も、私たちの幸せのために仏さまが祈りを捧げられる声ですから、あるがままの心で受け止められることでしょう。

声明が心を癒す理由

僧侶が仏さまの前でお経や声明を唱えるのは、それによってご本尊さまと一体となり、また仏さまの言葉を声に出すことで、そのありがたい意味を讃《たた》え、理解し、味わおうとしているためです。

また、お経や声明を読む効果として、有名なお坊さん・東嶺禅師《とうれいぜんじ》が、次のように著しています。

1　心を落ち着かせる（三昧を助く）
2　心のわだかまりがなくなる（障礙《しょうげ》を滅す）
3　健康になる（病患を除く）

4　念願が天に通じる（心願を満たす）

5　神仏への供養が届く（諸天を歓ばす）

6　迷える者を救済する（幽魂を救う）

7　素直な心で見聞できる（見聞を益す）

8　心が天地一杯に広がり、すべてを救う（畜類を利す）

つまり、心身ともに安定し、健康になり、バランスが調《ととの》う効果があるとされているのです。

これは、お堂で毎日お経や声明をあげていて、おおいに実感されます。

たとえば、社会活動や生活の中で、平常心でないとき……ときに憤《いきどお》りや悲しみ、そして喜びに、必要以上に心をとらえられてしまうこともあります（仏教では、たとえポジティブな感情であっても、いきすぎた感情は煩悩《ぼんのう》であるとされます）。

しかしそんなときでも、お経や声明を唱えるうちに、**心が平《たい》らに調えられて**

いき、さまざまな感情から解放され、心身が「ちょうどよい」状態になってい
くのを感じるのです。

これらのことは、唱えるだけでなく、ただ聴くだけでもじゅうぶん同じ効果
があるとされます。なぜなら、音そのものにも癒しの力があるからです。

楽器の演奏を聴いたり、歌ったりすることで、気持ちや免疫《めんえき》力を高め、心身の病の症状を改善しようとする音楽療法の効果は、研究成果も出てきており現代ではよく知られているところですが、音の癒し効果そのものについては、古代ローマの時代から活用されてきました。

では、なぜ音に癒す力があるのでしょうか。

宇宙に存在する物質はすべて、「振動」によってつくられています。木も水も人間も、固い鉄も、その最小単位は「モノ」ではなく、「振動」という状態なのです。

そして音もまた、空気を伝わる振動です。その揺れ幅の大きさ、深さによってさまざまな種類の音をつくっています。その中には人にとって、心地よい振動、悪い振動、さまざまなものがありますが、ある一定の振動が、人がもっている振動とうまく「共鳴」したときに、心地よさを感じるのではないかと考えられます。

たとえば量子力学という現代物理学の研究では、物質を原子より小さい単位で観察すると、物質は「波」という「状態」によって構成されていることが知られていますが、古代インドでも、「阿（ア）」という音が宇宙に生まれ、その音の振動をふくむ万物が創造されているとしています。やがて「音」そのものが聖なるものとして信仰され、「マントラ」「声明」など、お経や真言《しんごん》となりました。

日本にもともとあった祝詞《のりと》や、仏教によって伝わったお経、真言、声明も、声の振動によって、自然界にある神仏とつながり、同時に人間にもそなわる根源的な振動に共鳴させることで、さまざまな癒しがもたらされるものとして、伝承されてきました。

現代に生きる私たちには、普段の生活の中にもさまざまな癒しの音があるはずなのですが、とくに都会では雑踏の騒音や雑音にさえぎられ、自然の音を感じることがむずかしくなっています。

体に不快感を与える音に囲まれた普段の生活から一歩離れ、声明という心地よい振動を聴くだけでも、大きな癒しがあることを知っていただければと思います。

このように、お経や声明は、文章としての理解だけでなく、**その響きそのものが共鳴し、自然界に満ちている仏の声を直接感じられるほどであり、だからこそ、人知を超えた癒しの力をもっていると考えられてきたのです。**

CDの声明・お経について

ここでは、CDに収録した声明・お経について、それぞれご説明していきたいと思います。

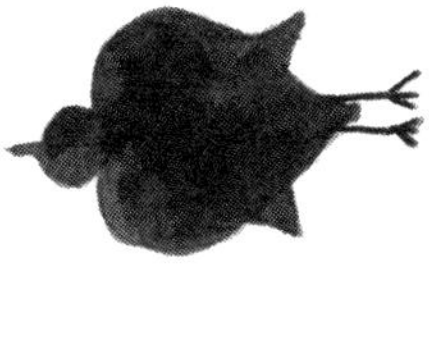

■四智梵語《しちぼんご》 CD 2,7

どんな曲？

この声明は、すべての仏のもととされる大日如来《だいにちにょらい》の智慧《ちえ》を称えるもので、密教の法要では必ずといっていいほど聞くことができる声明の代表格です。祈願、法事、葬儀、朝のお勤《つと》めなどにおいて、さまざまなお経を唱える前に、大日如来や諸仏菩薩《しょぶつぼさつ》をその場にお招きし、その徳を称え、喜びを表現するための

「讃歌《さんか》」です。

大日如来は、命の平等、私たちの個性の違いや得手不得手、「完璧にできない」という人間らしさそのままをみとめ、見守り、救ってくださる仏さまです。自分の存在そのものが、かけがえのない大きな価値をもつことに気づいていこうというメッセージを受け取ることができます。

どんなときに聴く？

人に優しい気持ちになりたいとき、あるいは落ち込んだときなど、ありのままのあなたをみとめてくれる大日如来の徳にあやかりましょう。

■対揚《たいよう》 CD 3

どんな曲？

対揚は、聴き手が教えを説《と》く仏さまに向き合い、教えをしっかり受け止めて理解し応じることをあらわします。

対揚の歌詞は、法要の目的によって入れ替わります。

1．最初の句に、教えが、どこで、誰によって説かれたか

2．間の句では、法要の目的、内容

3．最後の句では、聴き手の名前

これらの内容が歌詞にこめられているのです。

本CDでは、「金剛法界宮《こんごうほうかいぐう》に住まわれる密教の本尊・大日如来や、四仏《しぶつ》、あらゆる神々や弘法大師の徳を称賛し、仏教興隆など、諸祈願が成就することを金剛手菩薩《こんごうしゅぼさつ》と願う」という内容になっています。

どんなときに聴く？

日常生活の中から、教えを受け止めようとしたいとき、まわりの人々を称え、しっかりと向き合いたいときなどによいでしょう。

■云何唄《うんがばい》 CD 4

どんな曲？

法会の最初に唱えられる声明です。法会を司る導師《どうし》以外で、もっとも上席の僧侶が「唄師《ばいし》」となり唱えます。短い歌詞を一音一音長く伸ばし、低い音で、ビブラート（揺《ゆ》り）などの節を多用し、厳粛に唱えるのが特徴です。

「唄《ばい》」とは、仏教声楽の総称としての「唄匿《ばいとく》」の略で、説法を聞く前に「ざわつきを鎮《しず》める」という意味をふくみます。この声明を唱えることによって、参列者の話し声などでざわついている本堂も、あたかも、打ち水をしてほこりを鎮めたような静粛な雰囲気となり、心が鎮まり統一されます。

どんなときに聴く？

イライラするときや、落ち着きたいときによいでしょう。

打ち水で舞い上がる「ちり」やほこりを抑えるように、ひいてはご自分の心を鎮める気持ちでお聞きください。さらに、心を乱す要因になる迷いや煩悩《ぼんのう》が入り込まないよう、身を守り、心の整理整頓をするとよいでしょう。

■礼《らい》文《もん》 CD 5

どんな曲？

毎朝の勤行《ごんぎょう》や、追善供養《ついぜんくよう》などの時、お経の前に唱える言葉です。「七支供養《しちしくよう》」という七つの修行内容が説かれています。

1．帰命三宝《きみょうさんぼう》…身、語、心を清め、三宝（仏さま、その至高の教え、教えを継承してきた僧侶たち）に、信仰する。

2．歎仏三身《たんぶつさんじん》…仏の三つのお姿である三身（仏性そのものをあらわす「法身」、菩薩が修行した結果、仏となった姿である「報身」、人々救済のため、現世に姿をあらわした「応身」）をうやまう。

3．懺悔業障《さんげごっしょう》…輪廻により、前世から積み重ねてきた身、口、意の三業の罪を心から反省する。

4．随喜功徳《ずいきくどく》…十方世界で修行しているあらゆる人々とともに、喜びをわかち合う。

5．請転法輪《しょうてんぼうりん》…私たちは今、諸仏をお招きして、教えを説いていただくことを請う。
6．請仏住世《しょうぶつじゅうせ》…仏が涅槃に入ってしまうことなく、現世に留まっていただくことを願う。
7．普皆廻向《ふかいえこう》…ささやかな善行を、生きとし生けるものと共有し、わかち合う。

どんなときに聴く？

普段の自分の行ない、言葉、心を省みたいとき、礼文は最適でしょう。

人にはみな仏性《ぶっしょう》があり、本質的には清浄な存在であることに気づき、ときには失敗もありますが、日々の反省と向上の気持ちを自分の心に投げかけることが大切です。

■追弔和讃《ついちょうわさん》 CD 6

※本CDでは音階を下げて唱えています。

どんな曲？

この曲は、大切な人をしのぶときのご詠歌です。

歌詞は「大切な人を亡くしたことではじめて、永遠に続くものだと思っていた人の世が、実ははかない夢であることを知り、深い悲しみに暮れることになりました。けれども、人はみな、仏さまの教えによって、永遠に安心が得られるでしょう」と歌われています。そして遺《のこ》された人にも、いつかは心の平穏も取り戻せる日が来ることを、「南無大師遍照尊《なむだいしへんじょうそん》」という祈りの言葉によって感じていきます。仏事では、お通夜、法事などで多く唱えられます。

どんなときに聴く？

悲しい気持ちを和《やわ》らげたいとき、大切な人をしのぶときにお唱えしたいご詠歌です。仏の救いは外からだけではなく、いつでも自分の心の内にあるものなので、自分の想いや気持ちを仏に伝える気持ちで、聴いて、お唱えください。

■般若心経《はんにゃしんぎょう》　CD 8

※息つぎはＣＤに合わせず、各自のペースでかまいません。

どんな曲？

無数にあるお経の中でも、般若心経は最も有名なお経といえるでしょう。厄除《やくよ》け祈願やお祝いごとはもちろん、法事や葬儀にも用いられるオールマイティなお経で、多くの宗派《しゅうは》で大切にされています。

その内容は「色即是空《しきそくぜくう》　空即是色《くうそくぜしき》」というフレーズが示すように、すべてが「空《くう》」であると説きます。同時に「空」であるからこそ、はかなくもかけがえのない価値をもっているというのです。

また、すべての存在はつながりあって、単独で生きている人は誰ひとりいない、誰もが「今、生かされている」と説いているのです。

仏教をひもとくキーワード（エッセンス）でもある「空」の理解によって、世の中の普遍的《ふへんてき》な真理に気づき、その中で私たちが、どのような心がまえで生きるべきかを教えてくれるお経です。

また、その全体は般若心経最後の真言に集約されています。

どんなときに聴く？

いつでもどんな状況でも聴いてください。

このお経が説く「空」を深く追及すればするほど、自分やまわりのものごとの存在の偶然性、不思議、まわりにいる人との「ご縁」の尊さなど、さまざまな気づきを得ることができます。

悔いなく今を生きる原動力になるような気持ちとなれるでしょう。

■CDで聴くことができる音について

磬子《けいす》…CD冒頭には、これから声明の響きに触れるみなさまに、たくさんの癒しを得ていただこうと、心を目覚めさせてくれる鐘の音が収録されています。叩き方の流儀もさまざまですが、ここでは「一通三下《いっつうさんげ》」といって、徐々に間隔を縮めて、最後に三回均等に鳴らすやりかたを聴いていただきます。

中啓《ちゅうけい》…３曲目「云何唄」の途中と最後に聞こえる「ぱたっ」という音は、実は僧侶が持つ中啓（扇子）を倒すときの音で、唄師の作法です。この音が、法具を運ぶ係の僧侶が動作をはじめたり、次の声明を唱えはじめる合図になっているのです。

五鈷鈴《ごこれい》…最後に収録されているのは、五鈷鈴という、密教法具の響きです。法会の終盤に導師がこれを鳴らす作法があるのですが、この意味になぞらえ、ＣＤを聴き終えたみなさまに「気づき、喜び、説法」を感じていただきたいと思います。

ブッダの教えを感じるコラム①

「中道《ちゅうどう》」自然から癒される

普段の生活や仕事から離れ、美しい風景を見ると、心がほっとゆるんだり、気持ちの切り替えができてすっきりしたような経験をおもちのかたもいるでしょう。自然は私たちに何も語りかけてはくれませんが、その場に身を置くだけで癒されるのはなぜでしょうか。

「草木国土《そうもくこくど》悉皆成仏《しっかいじょうぶつ》」という考え方がありますが、これは自然界のすべてのものには「仏性《ぶっしょう》」が宿るとするものです。

ただし、興味のない生徒にいくら説明しても身につかないのと同じで、私たちが五感（眼、耳、鼻、舌、身）を目覚めさせ、知識や経験をあわせもって受けとめようとしなければ、ものをいわぬ自然界に宿る仏さまの教えを感じることはできません。

弘法大師は、次のような言葉を残しています。

「医王の眼には途《みち》に触れみな薬なり　解宝の人には鉱石を宝とみる」

これは、ものごとに多様な性質がそなわっていることを見極めることができる人は、万物から教えをいただくことができる、という意味です。自然はその仏性や教えを隠すことなく、いつでも公開しているのに、私たちの見る目と関心のなさが、その価値を見えなくしてしまっていることに気づかせてくれる言葉です。

こんな心持ちで自然や生活に向き合うとき、道ばたの雑草が成長する姿に心を打たれたり、散りゆく桜からも命の大切さを学ぶことができるようになるのではないでしょうか。

その感性を高めるための第一歩は、決めつけたり、偏見を持ったり、一側面だけの偏った見かたをしないよう、注意することです。

仏教では「中道」といって、ものごとに本来そなわっている性質、役割を、多方面から客観的に正しく見極めなさいという教えがあります。

「草花は食べられない」「石ころは転ぶ原因だ」というようにひとつの側面に固《こ》

執《しっ》して見ている限り、何の成長もありません。「相手の出方次第」とはよくいわれる言葉ですが、本当に大切なのは「自分の出方次第」なのです。

こういった姿勢は、対人関係の悩みを解消することにもつながります。

自分にもよい部分、悪い部分、悪いとわかっていても直せない部分など、いろいろな側面があるのに、相手に対してはついつい悪い部分だけを見て「この人は嫌な人だ」と決めつけてしまいがちです。

心ない言葉を発したり、理不尽な仕打ちをする人に対して、悪い部分しか見ることができないと、嫌いな部分だけがどんどん大きくなり、さらに疑心暗鬼になったり、収拾がつかない関係に発展しかねません。

自分と相手、それぞれがもっている、いろいろな側面の中から、そのときの状況に応じて、気の合う部分を見つけることさえできればいいのです。そんな眼で相手を見ることができれば、きっと今まで気づかなかった相手のよい部分も探すことができるのではないでしょうか。

ものをいわぬ草花や石ころや生き物にさえ、無限の価値を見出し、気づきを得ることができることでしょう。まして人間同士はさまざまにコミュニケーションを取る方法があります。他人に対する偏見をなくして、客観的な中道の接し方をすることが、今まで気づかなかった相手のよい部分の発見につながり、よりよい関係を築くきっかけになると思います。

と同時に、自分にとって都合のよい部分を探し出すことだけでなく、自分にとって都合の悪い部分も、ほかの人にとってはよい部分になりうる、という視点に立つことも中道の大切な教えです。

自分にとってつらいことから目を背けるのではなく、今まで自分にとって都合が悪いとしか思えなかった、相手の一側面も、何か自分に役に立っていることに気づくことができる——自分のありようにさえ固執しない、しなやかさを心がけてみましょう。

声明は「仏の祈りの声」です。このような日常生活のひとつひとつからも、五感を研《と》ぎ澄《す》まし、こちらが気持ちを向けることで、自然界にあふれる仏の祈りの声が実際に聞こえてくるかもしれません。

第2章

瞑想《めいそう》＋声明《しょうみょう》で呼吸と心が調《ととの》う

声明を自分で唱えてみる

「声明を自分で唱えてみよう」というと、驚かれるかもしれませんね。

法要の場などにおいて、声明は基本的には「僧侶が唱えている」ものです。

しかし、たとえば有名なお経「般若心経」を僧侶以外の多くの一般の方々も唱えるように、声明の本質は純粋な祈りの気持ちの表現ですから、普通の人が声明を唱えていることもあるのです※。

たとえばご自分の癒しであっても、すくなくとも声明に関心を持ち、祈る気持ちで唱えるのであれば、写経《しゃきょう》や座禅《ざぜん》などの仏教体験をすることと同様に意義あることとなります。

そして、声明を聴くだけでなく、自分で唱えることもおすすめするのには、理由があります。

前の章で書いたように、心地よい音の振動で心身を癒されるだけでなく、唱えられる「お釈迦さまの教え」、つまり「この世の普遍的な摂理」や「生きる指針」が込められた祈りの言葉が、聴き手の波長と合致《がっち》して、大きな癒しの力を発揮することになるからです。

前章では、たんに聴くだけでも癒しの効果があると書きましたが、ご自分の声で発声したものをご自分の耳で聴くことにもなるので、さらなる癒しの力を感じていただけると思います。

※和讃等ありますが、多くの声明曲は本で簡単に説明しただけでは伝わりにくい決まりごとやコツも多いため、原則的に師から弟子に口伝されるものです。そのため、一般のかたが唱える声明は多くありません。

声明を唱える前に

——高野山《こうやさん》の瞑想《めいそう》法「阿字観《あじかん》」をやってみよう

声明を唱える前に、まずは心を落ち着かせるために、密教に伝わる瞑想法・阿字観をやってみましょう。

瞑想というと、座禅《ざぜん》を組んで長時間じっと座って雑念を払い……なんだか大変でむずかしそうなものだというイメージをお持ちのかたもいるかもしれませんね。しかし実際は、**瞑想は誰でもどこでもすぐにできて、短い時間でもよく、姿勢と呼吸、そして心を正しい状態に調えてくれる、究極のリラックス法**といえます。

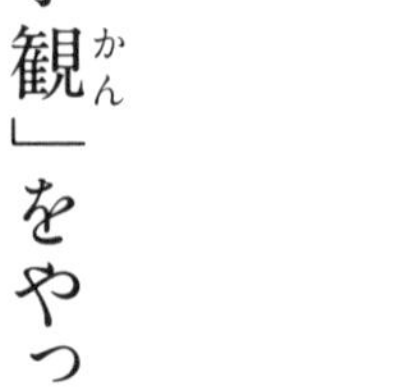

最近では、仕事や日常のストレスを減らし、集中力を上げてくれるとして、その効果が世界中でみとめられ、大変な人気となっています。一般の方はもちろん、有名な事業家、スポーツ選手なども積極的に実践しているようです。そんな瞑想を、まずは頭、のど両方の準備運動も兼ねてやってみましょう。それによって、より精神が落ち着き、また声の響きも質のよいものを出しやすくなります。

ここで紹介する高野山の瞑想法・阿字観には、「調身《ちょうしん》」「調息《ちょうそく》」「正観《しょうかん》」の三つのステップがあります。

それらを簡単にご紹介いたしましょう。

1 座り方、姿勢(調身)

①背すじをまっすぐにして座りましょう。「結跏趺坐《けっかふざ》」という座り方をします。両足を両太ももに乗せることがむずかしいかたは、左太ももに右足をのせるだけの

①結跏趺坐

左足のつま先を右足の太ももの上にのせ、
右足のつま先を左足の太ももの上にのせます。

②半跏坐

左足のかかとを右足の太ももの下に、
右足のつま先を左足の太ももの上にのせます。

③正座

両ひざを曲げて、両足の裏にお尻がのるように座ります。

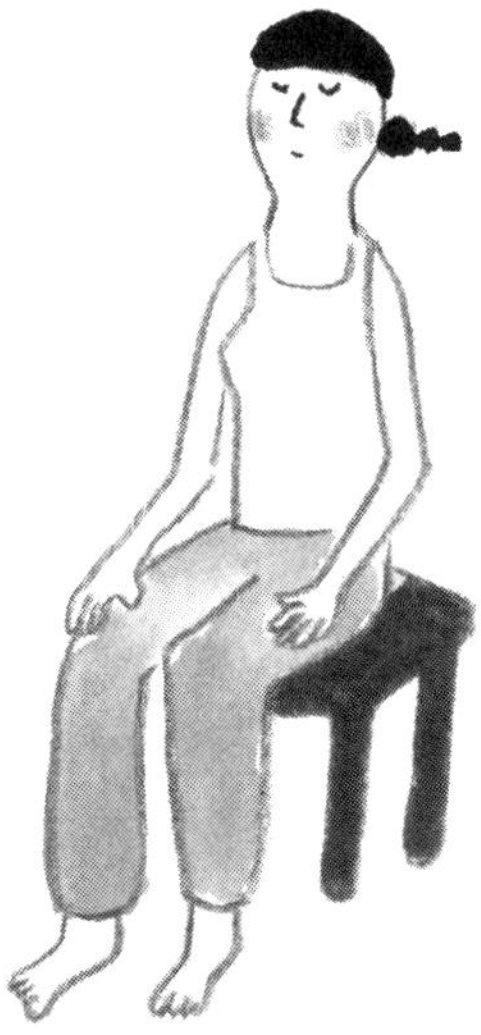

④イス座

やや浅く座り、ひざは直角になるようにし、両足の裏はしっかりと床につけます。
背もたれにはもたれません。

「半跏坐《はんかざ》」でも大丈夫です。バランスがとりにくいときは、座禅用の座布《ざぶ》や半分に折った座布団を敷いて腰の位置を高くし、負担を感じないように座れるようにします。

また「正座」は、もっとも手軽で、かつ仏さまへの敬意を示すために、気持ちも引き締まりやすい姿勢です。

ただし、床に座るのがむずかしいかたは、椅子に座るなど、楽に姿勢が保てるかたちで大丈夫です。その場合も背もたれなどに寄りかからず、背すじをのばして座ってください。

②両手はおへその少し下で、手のひらを上に向けて指を伸ばし、左手の上に右手を重ね、両親指の先が軽く触れるようにします（法界定印）。

③座った状態で上半身を前後左右にわずかに揺らし、最もバランスのよい姿勢を見つけます。

④あごを引いて肩の力を抜きます。

⑤目は正面から、鼻筋を意識して視線を1～2m先に落とします。これは半眼といって、半分は外界を見て、半分は自分を省みるための視線です。

阿字観では、瞑想のあいだ、その名のとおり梵字の「𑖀（阿《あ》）」という文字を見つめます。

「𑖀」とは、サンスクリットの母音の一番はじめの音「a」を梵字にしたもので、「宇宙の振動のはじまり」を意味し、とくに密教では、すべてを包み込む究極の存在である大日如来さまという仏をあらわしているとされる、大切な音となります。

この音を見つめることで、自分の呼吸や内的世界に集中しやすくなる効果もあるので、ぜひやってみましょう。

2 呼吸（調息）

まずは心が落ち着くように、大きくゆっくりと三回呼吸します。

一回目。まず鼻から息を吸い、心の不安やもやもやを一緒に吐き出すように、口から吐きます。

二回目。清らかな空気を鼻から吸い、全身の不浄を吐き出すように口から吐きます。

三回目。さらに遠くの大自然の空気を鼻から吸い、全身へと行きわたらせるようにして、すこし息を止め、体内の不浄を全身の毛穴からも出し切るつもりでゆっくり口から吐き出します。

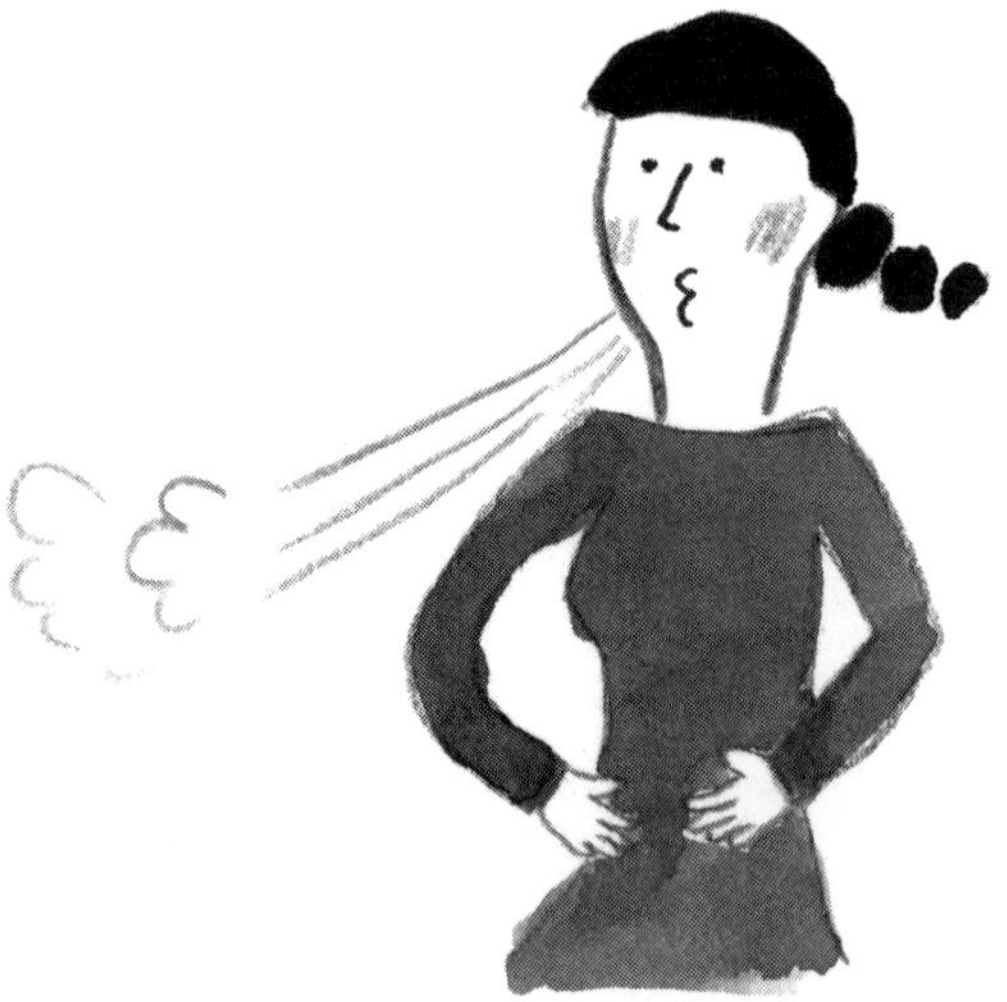

この呼吸法はあなたをリラックスさせ、体を清浄なものとします。

不思議なことに、呼吸というのは、生まれた瞬間から最後の息を引き取るまで毎日、何千回、何万回と無意識にしているのに、意識して呼吸しようとすると、なぜか力が入ったり、不自然で、思い切り吸うことができにくくなることがあります。そんなときのコツとしては、息をしっかり吐き切ることに集中することです。

息を吸うときに意識しすぎるあまり「すーっ」と音はたてないこと。これによって鼻の空気の通り道が狭くなり、かえって呼吸が苦しくなるのです。

意識を鼻や顔から遠ざけ、静かにゆっくりと呼吸しましょう。腹式呼吸も、慣れていないかたは、あまり無理してやらなくても、そのうちできるようになります。

呼吸によって、心が安定してくることが目的ですから、ゆったりとした呼吸を心がけてみてください。

3「阿」を唱え、瞑想する（正観）

①鼻から息を吸い、吐く息とともに「阿《あ》ー――」と声を発します。

②「阿」の音を発声しながら、音が1メートル、2メートル……とだんだん遠ざかっていく、その行方を感じます。

③声が途切れたところから、吐く息に「阿」の声が残っていることを感じます。

④口を閉じ、鼻から息を吸います。そのときにも心中で「阿」をお唱えします。

⑤これを数回繰り返し、徐々に声を小さくして、最終的には口を閉じ、無音の呼吸にすら「阿」を観じるようにします。

次頁のような阿字観本尊を前にして行なうのがのぞましく、さらにこの瞑想法を深めたいと思われるかたは、阿字観体験ができるお寺を訪ねたり、阿字観本尊の掛け軸をご自宅にご用意されるとよいでしょう。

第2章

瞑想+声明で 呼吸と心が調う

唱えてみよう

声明を唱えるときは、ことさらよい声を出そうとか、上手に唱えようとしなくても大丈夫です。

それは、写経は上手な字であるほど功徳が得られるわけではないのと同様に、「やってみよう」という気持ちや、唱える声（説法）を耳で聞き、感じることに価値があるからです。

さっそく、一般のかたでも唱えやすい「礼文《らいもん》」（CD5曲目）を唱えてみましょう。作法や心がまえなどは次の項でご説明しますので、まずは、気楽な気持ちでやってみてください。

おうちの中の、もっともリラックスできる場所で座り、背筋を伸ばしてください。

大きく三回呼吸して気持ちが落ち着いたら、自分の自然な声で、ＣＤに合わせて唱えてみましょう。

※２人以上で唱えるときは、１人で「頭《とう》」を唱え、「助《じょ》」から全員が入ります。

に じょうう がく ぎうむ がく いっさいにょらい よ ぼ さ
しょ う く どく かいずい き じっ ぽう しょ う せ けん とう
さいしょじょうじゅ ぼ だいしゃ が こん いっさい かいかん じょう
てん の む じょう みょうほう りん しょ ぶつ にゃくよく じ ね はん
が し し じょう に かん じょう ゆいがん く じゅうせつじん こう
り らく いっ さい しょ しう じょう しょ う らい さん く よう ふく
しょうぶつじゅうせ てんぼう りん ず いきさん げ しょぜんご ん
rit.
え こう しゅうじょう ぎう ぶつ どう

礼《らい》文《もん》

頭
助
きみょうじっぽう いっさい ぶ さいしょうみょうほう ぼ だいしゅう
い しん く い しょうじょうごう おんごんがっしょう く ぎょ らい
にょらいめうしき しん せけんむよ とう む び ふ し ぎ
ぜ こ こん きょう らい にょ らい しきむ じん
ち え やくぶ ねん いっ さい ほう じょう じ う
ぜ こ が き え む し りん ね しょ う ちう
しん く い ごう しょ しょうざい にょぶつぼ さ しょさん げ
が こん じん さん やく にょ ぜ じっ ぽう いっ さい しょうしう じょう

-1-

禮文《ライモン》

長跪合掌至心称念

皈命三宝

歸《キ》命《ミヨウ》十《ジツ》方《ポウ》一《イツ》切《サイ》佛《ブ》　最《サイ》勝《シヨウ》妙《ミヨウ》法《ホウ》菩《ボ》提《ダイ》衆《シユウ》

以《イ》身《シン》口《ク》意《イ》清《シヨウ》浄《ジヨウ》業《ゴウ》　慇《オン》懃《ゴン》合《ガツ》掌《シヨウ》恭《ク》敬《ギヨウ》禮《ライ》

歎仏三身

如《ニヨ》來《ライ》妙《メウ》色《シキ》身《シン》　世《セ》間《ケン》無《ム》與《ヨ》等《トウ》　無《ム》比《ビ》不《フ》思《シ》議《ギ》

是《ゼ》故《コ》今《コン》恭《キヨウ》禮《ライ》　如《ニヨ》來《ライ》色《シキ》無《ム》盡《ジン》　智《チ》慧《エ》亦《ヤク》復《ブ》然《ネン》

一《イツ》切《サイ》法《ホウ》常《ジヨウ》住《ジウ》　是《ゼ》故《コ》我《ガ》歸《キ》依《エ》

懺悔業障

無《ム》始《シ》輪《リン》廻《ネ》諸《シヨ》有《ウ》中《チウ》　身《シン》口《ク》意《イ》業《ゴウ》所《シヨ》生《シヨウ》罪《ザイ》

如《ニヨ》佛《ブツ》菩《ボ》薩《サ》所《シヨ》懺《サン》悔《ゲ》　我《ガ》今《コン》陳《ジン》懺《サン》亦《ヤク》如《ニヨ》是《ゼ》

『真言宗常用諸経要聚』(中川善教 編、中本名玉堂、平成19年改訂第4版)より

「礼文」の博士《はかせ》（楽譜）

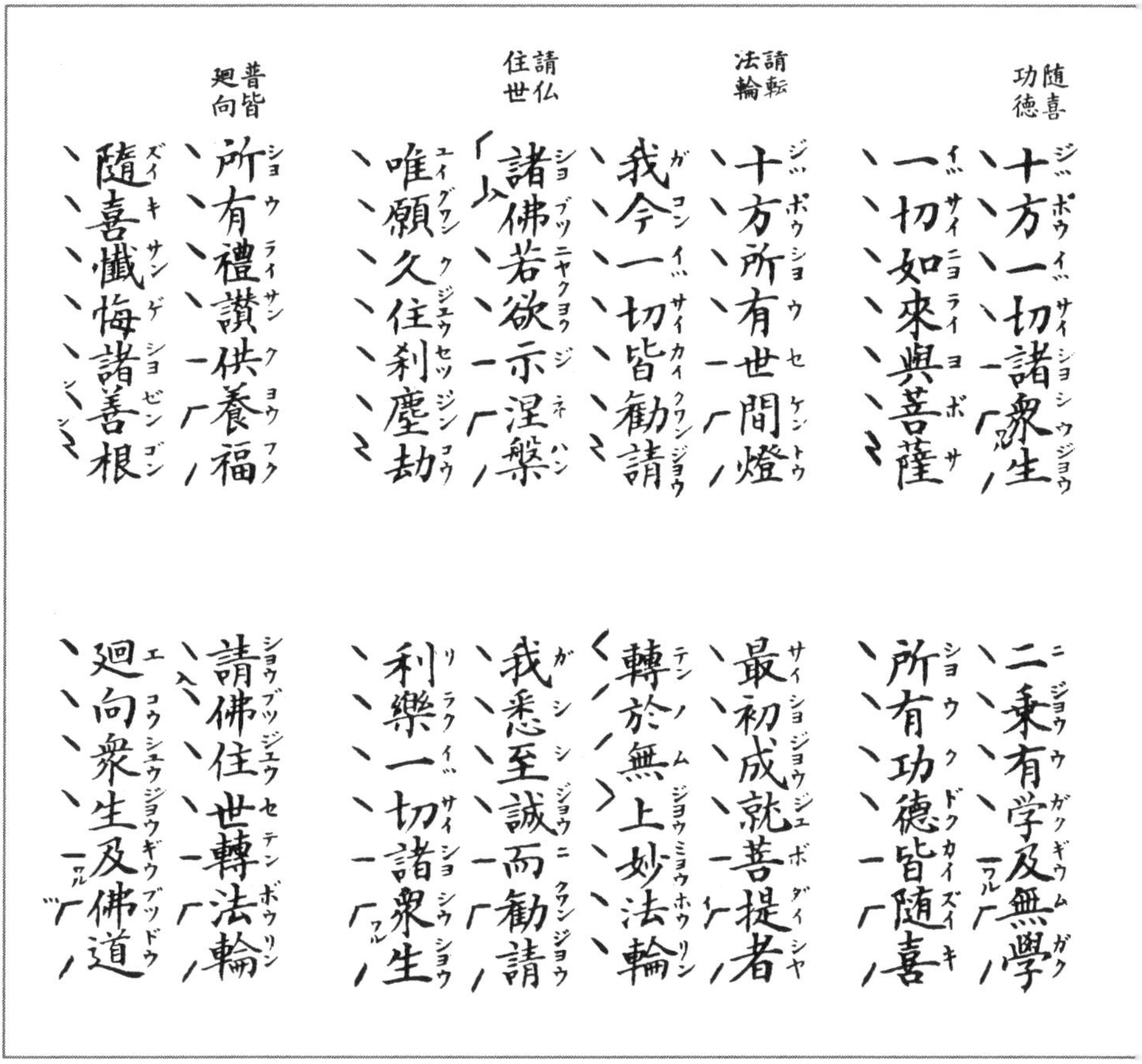
随喜
功徳
十《ジッ》方《ボウ》一《イッ》切《サイ》諸《ショ》衆《シウ》生《ジョウ》
一《イッ》切《サイ》如《ニョ》來《ライ》與《ヨ》菩《ボ》薩《サ》
二《ニ》乘《ジョウ》有《ウ》学《ガク》及《ギウ》無《ム》學《ガク》
所《ショ》有《ウ》功《ク》德《ドク》皆《カイ》随《ズイ》喜《キ》
請転
法輪
十《ジッ》方《ボウ》所《ショ》有《ウ》世《セ》間《ケン》燈《トウ》
我《ガ》今《コン》一《イッ》切《サイ》皆《カイ》勧《クワン》請《ジョウ》
最《サイ》初《ショ》成《ジョウ》就《ジエ》菩《ボ》提《ダイ》者《シャ》
轉《テン》於《ノ》無《ム》上《ジョウ》妙《ミョウ》法《ホウ》輪《リン》
請仏
住世
諸《ショ》佛《ブツ》若《ニヤク》欲《ヨク》示《ジ》涅《ネ》槃《ハン》
唯《ユイ》願《グワン》久《ク》住《ジエウ》刹《セツ》塵《ジン》劫《コウ》
我《ガ》悉《シ》至《シ》誠《ジョウ》而《ニ》勧《クワン》請《ジョウ》
利《リ》樂《ラク》一《イッ》切《サイ》諸《ショ》衆《シウ》生《ジョウ》
普皆
廻向
所《ショ》有《ウ》禮《ライ》讃《サン》供《ク》養《ヨウ》福《フク》
随《ズイ》喜《キ》懺《サン》悔《ゲ》諸《ショ》善《ゼン》根《ゴン》
請《ショウ》佛《ブツ》住《ジエウ》世《セ》轉《テン》法《ボウ》輪《リン》
廻《エ》向《コウ》衆《シュウ》生《ジョウ》及《ギウ》佛《ブツ》道《ドウ》

唱えるときの作法と心がまえ

いかがですか？

実際に唱えてみると、慣れないメロディ、歌詞なので、最初は目で追うだけでも精一杯かもしれませんね。

「学ぶ」は「まねぶ」が語源であるともいわれますが、最初はひたすら音の響きを感じながら、お経（歌詞）を目で追いつつ、とにかく声に出してみることからはじめましょう。

持物 できれば、念珠《ねんじゅ》を左腕に掛けましょう。念珠ブレスレットでも結構です。輪袈裟《わげさ》をおもちでしたら首にお掛けください。

念珠とは、数珠《じゅず》ともいい、あなたの思いに揺らぎが生じないよう、お守りいただくために効果的なものです。

もともとは、バラモン教や仏教で使われていたものが、イスラム教、キリスト教などでも信者が呪文を唱えた回数を数えるための道具となりました。

祈願成就をより強く念じるために僧侶、一般のかたを問わず使われています。

場所　お仏壇の前、またはリラックスできる部屋で。
今のあなたを見守ってくれる、最も清浄な場所である、お仏壇にお線香などを立て、その前

で行なうのがもっともよいと思いますが、そのような場のないご家庭であれば、家の中でもっともリラックスできる場所がよいでしょう。

座りかた 正座、または座禅の坐り方。

背すじをのばしてリラックスし、正式な「結跏趺坐」または左太ももに右足をのせるだけの「半跏坐」でも大丈夫です。

足を組めないかたは、決して無理をせず、正座や椅子に座るなど、楽に姿勢が保てるように座ってください。

どんな座り方でも、大切なのは「姿勢を正す」こと。そうすることで、声も格段に出しやすくなります。イスの場合は背もたれによりかからないようにしましょう。

第2章

瞑想+声明で
呼吸と心が調う

手のかたち 合掌。インドの日常習慣でもあり、仏と自分が一体となる姿勢です。

手は、両手のひらを胸の前でぴったり合わせて「合掌」し、次に手のひらをわずかにふくらませます。

右手は仏、左手は自分をあらわしています。この両手を合わせることにより、仏と自分が一体となり、祈りの声を発するというありがたい状態になります。この姿勢は仏さまへの敬意であると同時に、人に対しての尊敬と感謝の気持ちも育てます。

また、この本を見ながら声明を唱えたいときは、合掌をした手をひらいたところに本をのせても大丈夫です。われわれ僧侶も、修行時代などはとくに、こ

のようにして経本を見ながらお経を読んだりしますが、手をひらいていても、合掌しているという心持ちで行なうとよいでしょう。

声明の前にお唱えできるお経

「弟子《でし》某甲《むこう》　尽未来際《じんみらいさい》　帰依仏《きえぶつ》　帰依法《きえほう》　帰依僧《きえそう》」

を三回繰り返すとよいでしょう。これは、三宝（仏・法・僧の三つの宝）を敬《うやま》うお経で、次のような意味です。

「仏さまのお弟子の私は、未来の際にいたるまで、悟りをひらかれた仏さまをよりどころとします。仏さまの説かれた法をよりどころとします。教えを実践する僧侶たちをよりどころとします」

このお経によって、あなたが声明を唱えるという行為が、さらに清浄な祈りとなります。

声明を唱える前の準備呼吸

大きく三回呼吸して、リラックスしましょう。

もやもやを吐き切り、心身をリラックスさせ、清らかにするために、阿字観の頁でもご説明した呼吸をここでも行ないましょう。大きく三回呼吸します。

一回目。まず鼻から息を吸い、心の不安やもやもやを吐き出すように、口から吐きます。

二回目。清らかな空気を鼻から吸い、全身の不浄を吐き出すように口から吐きます。

三回目。さらに遠くの大自然の空気を鼻から吸い、全身へと行きわたらせるようにして、すこし息を止め、体内の不浄を全身の毛穴からも出し切るつもりでゆっくり口から吐き出します。

発声 自分の自然な声で。

上手く唱えようとして、力が入りすぎると、かえってのどがせまくなり、声を出すのがだんだん苦しくなったりします。

お唱えする前に、「おはようございます」「こんにちは」など、普段会話している言葉を発して、自然な声がどんなものかを、確認してみてください。カラオケで上手に歌おうとしている声と、だいぶ違うことに気づくと思います。

誰でも人前で歌うときは、無意識に声をつくってしまいがちですが、できるだけ普段の声で発声することによって、自然と調和する声に近づき、なにより、楽に声が出せるようになります。

声明の唱和に、歌唱力や、どのような声がよいかということの正解はありません。

ただ、**飾らない自分の声を出すことを心がけ、自然と一体になろうとする気持ちで唱えてみましょう。**

あくまでも自分が気持ちよく声を出せるように、以下のことに気をつけてみてください。

①体調を整える

・睡眠をしっかりとる
・栄養をとる
・声帯を潤す
・力を抜く

②環境を整える

唱えようとしているのがお経や声明なだけに、住宅事情によっては、家で声を出すには勇気がいるかもしれません。本来仏壇の前では、しっかりと自信をもって唱えることも大事ですが、各ご家庭の状況を鑑みながら声を出してください。

③技術をもつ

上手い下手はそれほど問題ではありません。が、現実にお経や声明を気持ちよく唱えるためには、まず見本を真似ていこうとすることが大切です。

お経、声明にも音程やリズム感など、普通の歌の要素もあり、見本を真似しながら上達していってください。

■心がまえ

声明を体験していただくための心がまえをひととおりご説明しましたが、大切なことは、清らかな気持ちをしっかりもつことですので、細かい部分についてはこだわる必要はありません。まずは、声を出すことで、日々の悩みや疲れが癒される感覚を感じていただければ充分です。

その次の段階として、仏さまのお気持ちを少しでも味わってありがたくお唱えすることが理想です。

すなわち、**仏さまの祈りの言葉である声明をお唱えすることで、救われたい自分と、救わんとされる仏さま、両者一体の気持ちを感じようとすることです。**

たとえばカラオケで、好きな歌を歌うとき、どのような気持ちで歌うでしょうか。その曲に込められた意味を知ったとき、共感し、感極まったり、楽しくなったり、勇気づけられたり、その曲を作った人、歌っている人の気持ちに自然に近づくようなことがあるでしょう。

声明をお唱えしても、仏さまの気持ちに近づこう、自然に近づいていた、という気持ちが生まれてくることでしょう。

ブッダの教えを感じるコラム②

「諸行無常《しょぎょうむじょう》」過去の自分にとらわれすぎない

先に密教で伝わる阿字観瞑想法をご紹介しましたが、瞑想するときに大切なことは、「無心になる」というよりも、「ありのままの自分を見つめる」ことです。

自分を見つめるというと、まず心に浮かぶのは、「反省」かもしれません。瞑想中、ちょっとした一言が人を傷つけてしまった、いうことを聞かない子どもについつい短気を起こして怒ってしまった、など、過去の自分の嫌な部分を思い出して、何で自分はこんなことをしてしまうのだろうと思うことがあるかもしれません。自分の行ないを省みて、整理整頓することも大切なことですが、瞑想するときには、もっと深い、心の奥底にある、「本当の自分」を見つめることに挑戦してみましょう。

反省しなければならない自分の行ないと言動を引き起こしているのは、心の表面におおいかぶさっている「欲」「怒り」「無知」の三つの煩悩で、これは表面の心であって、本当の自分の深い心そのものではないことに気づいていただきたいのです。

弘法大師が密教の基本として大切にした『大日経』に、「如実知自身《にょじつちじしん》」という言葉があります。

「真実の如く、自分自身を知りなさい」と、心の浅い部分ではなく、その奥底にある、ありのままの自分の心を見つめる大切さを説いているのです。

ありのままの心とは、悪行を生み出す煩悩のような、表面的で限られたものではなく、慈悲心に満ちた仏さまのような大きな価値をふくんだもので、形もなく、大きさも無限で、すべてを生み出すことができる源のような存在です。阿字観では、この存在を集約した「阿」の一字を見つめることで、自分の体に閉じ込めてしまっている本来の心を自覚しようとします。

今まで、「他人と自分は違う存在だ」「自分ひとりで生きている」と言わんばかりに、ちっぽけな自分の体の中に閉じ込めていた心を解放するということは、世の中のすべてとつながりあって、支えられて生きているということを実感し、自分もまた、誰かの支えになっている、仏さまの一翼になり得ていると感じることです。

いつまでも過去にとらわれたり、自分が好きになれなかったり、悲しい気持ちから立ち直れなかったりすることは、誰にでもありますが、それを支えている自分の本当の心を知っていさえすれば、何も心配することはありません。

仏教では「諸行無常」といって、人や物だけでなく、若さや健康、感情さえも常に変化を繰り返し、何ひとつ永遠不変ではないと説いています。

諸行無常というと、とても虚《むな》しい言葉と思われるかもしれませんが、その真意は、「人の心も一定はしていないものだ。悲しく、沈んでいる気持ちもいつかは明るく上向くときが来る」ことを教えてくれています。

過去の自分を悔やんだり、とらわれて悩むということは、諸行無常によって、心がしっかりと前向きに成長している証でもあるのです。

瞑想によって、しっかりと成長をし続けている、ありのままの自分に気づくことができたとき、過去の自分にとらわれるのではなく、経験のすべてを成長の糧とし、過去の悩みもちいさいものに感じられるような毎日を過ごせるようになれることでしょう。

第3章

声明《しょうみょう》をもっと味わう

なぜ声明が生まれたのか

声明の歴史は古く、なんとお釈迦さま自身も歌で説法をしていたことをうかがわせる記録も残っています。まだ文字や紙が普及していないころ、教えを学ぶには記憶に頼らざるをえず、歌にするなどの工夫が必要でした。また、人々に伝達していくためにも、声に出して唱える必要があったのです。

その後、仏教がインドから中国に伝わると、経典に旋律をつける手法は、中国の音楽文化とも融合して、楽器の導入や譜面化、漢訳経による曲の登場など、飛躍的に変化していきました。

日本でも聖徳太子の時代、中国から同時に伝わった雅楽《ががく》とともに、声明も尊重され、国家の諸行事の際に寺院で用いられてきました。

この時代までの声明は、祭祀《さいし》や讃嘆、伝達という要素が強かったのですが、空海・最澄の時代になるとその役割はちょっと変わってきます。

密教における声明の起源には、こんなエピソードがあります。金剛薩埵《こんごうさった》という菩薩《ぼさつ》がインドの伝説の場所、南天鉄塔《なんてんてっとう》で、大日如来の声を直接受け取ったときのことです。塔の中では、この出来事に歓喜し、自然に讃歎《さんたん》声明の声が響きわたりました。

弘法大師が伝え、今私たちが文字で見ることができる密教のお経や、声明の響きは、このとき南天鉄塔に自然に響いていた声を、人間・龍猛菩薩《りゅうみょうぼさつ》（ナーガールジュナ）が伝えたものとされています。

ですから、「五感を使って、仏の教えを感じる」とするのが特徴の密教では声明はまさに「さとりの手段」となり、この鉄塔に響いた声「声明」を唱えることによって、金剛薩埵が感じることができたように、私たちの住んでいることの世界にも仏が宿り、大日如来の声が響いていることを人々に感じていただこうとしているのです。

声明には たくさんの種類がある

私たちが普段聴いている音楽に、洋楽、邦楽といった区別や、ジャンルの分類があるように、声明もさまざまな種類に分類することができます。

まず、その曲が作られた国（言語）によって、大きく三つにわけられます。

・梵讃《ぼんさん》…サンスクリットの経典が歌詞になっているもの。
・漢讃《かんさん》…漢文の経典が歌詞になっているもの。
・和讃《わさん》…日本語の経典が歌詞になっているもの。

和讃は、中国から伝わった声明が日本で発展し、あらたに日本独自に作詞作曲された曲のことで、講式《こうしき》、表白《ひょうひゃく》、ご詠歌《えいか》、伽陀《かだ》、祭文《さいもん》、誦経《じゅきょう》、念仏《ねんぶつ》などにわかれます。梵語や漢語の曲に比べ、意味も理解しやすいことから、寺院の法会《ほうえ》

に、わかりやすさ、華やかさが加えられるなどの目的で、多くの曲が作られました。

ところで声明にはどのくらいの曲があると思いますか？

実は、具体的な数字で示すことはできない事情があります。たとえば、高野山の南山進流声明の基本テキスト『南山進流《なんざんしんりゅう》　聲明類聚《しょうみょうるいじゅう》』の目次に挙げられる曲だけでも、50以上あるのですが、この数にしても、曲の意味によって数曲まとめて一曲とする場合もあったり、逆にひとつのお経が数曲にわかれたり、さらには、年号や日付にまでメロディがつく場合があるなど、どこまでを一曲として数えるかは、とてもあいまいなものなのです。

また膨大な数にのぼる日本の仏教各宗派の多くに、それぞれ声明流派がありますので、同じ歌詞でもメロディが異なるなどの事情もあり、いったい全部でどのくらいの声明曲となるのかは、数えようもありません。

声明の「楽譜」

声明の楽譜のことを「博士《はかせ》」といいます。縦書きのお経（歌詞）の文字の左側に記された線の角度や長さによって、音の高低、長さを示します。この線に、西洋音楽でいうビブラートなどの歌唱記号や、長めに、短めに、などの指示が加わります。

本来、声明の習得は伝授といって、師匠から弟子への口頭による伝承が基本です。曲によっては「口伝《くでん》」という指示があり、「この箇所は師匠から直接習いなさい」との表記があります。

したがって、譜面だけでは唱え方を完全に再現することはできないことにもなっています。

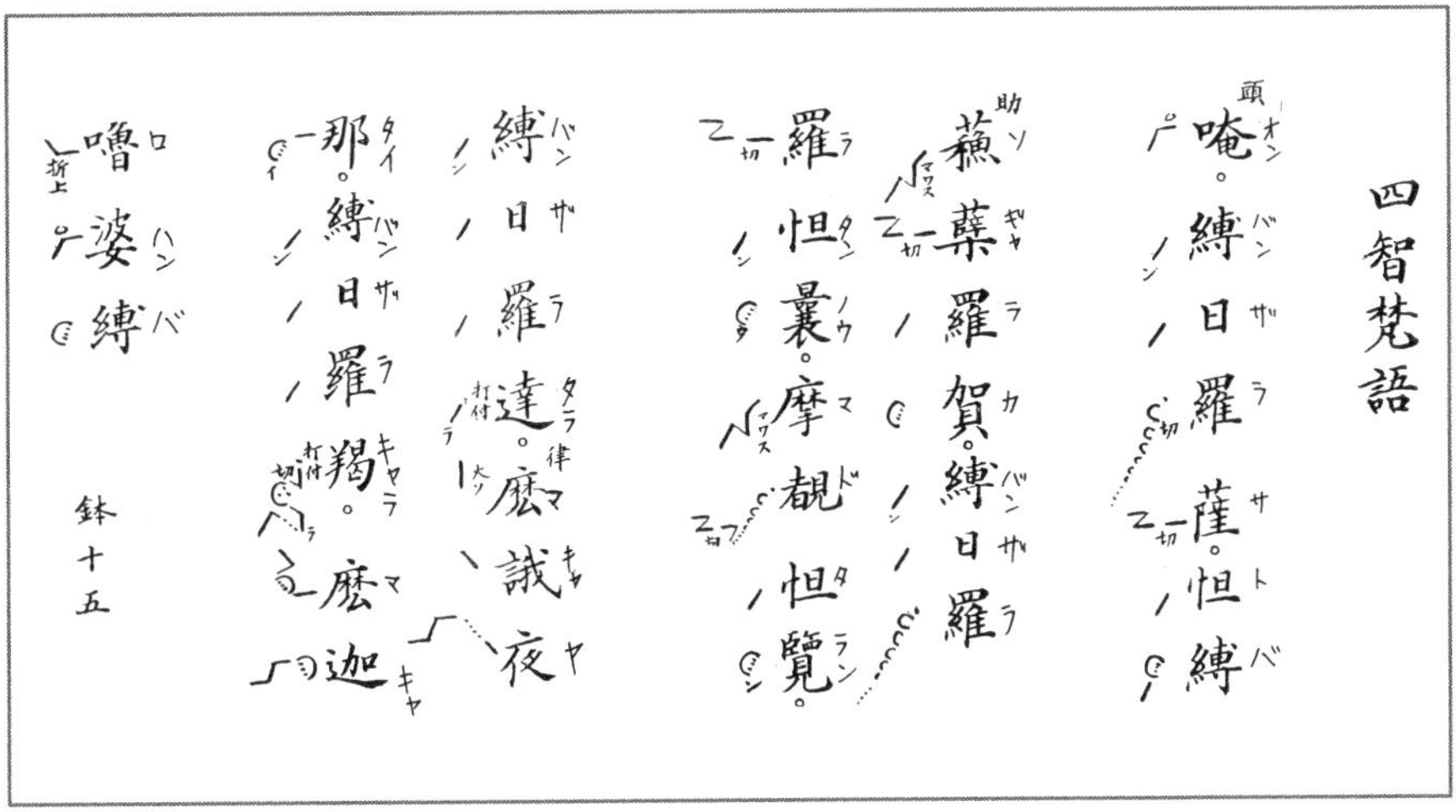

『四智梵語』の博士（楽譜）

■音の数

西洋音楽と同じように、12の音があり、そのうち基本となる5つの音（五音）に、音階によって違う2つの音を加えた7つの音で構成されます。

■五音《ごおん》

西洋のドレミファソラシの7音に対し、ファ、シ、を除いた5音［宮《きゅう》（ド）、商《しょう》（レ）、角《かく》（ミ）、微《ち》（ソ）、羽《う》（ラ）］が基本音階です。この音の組み合わせは、東洋的な印象を与え、日本人にとってなじみのある、どこか懐かしい響きに感じられます。

■オクターブ

3オクターブの範囲が定められており、低い順から、初重、二重、三重といいます。1オクターブにつき5音で、計15音になります。ただし、実際に声に出

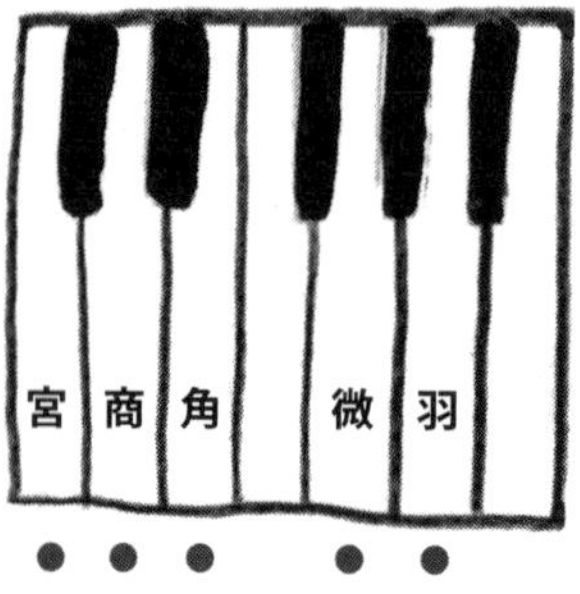

〈基本の五音〉

す範囲は、次の合計11音が一般的に使われます。

→高音
(三重の4音)宮、商、角、徴
(二重の5音)宮、商、角、徴、羽
(初重の2音)徴、羽
←低音

■音階

声明には、西洋音楽でいうスケール(○○メジャー/長調、○○マイナー/短調、など)に似た概念があります。

これは曲調を決定づける音符の間隔のことで、主に用いられる、呂《りょ》、律《りつ》と呼ばれる二曲の他、中曲《ちゅうきょく》と、反《へん》音曲《のんきょく》の、合わせて四曲があります。

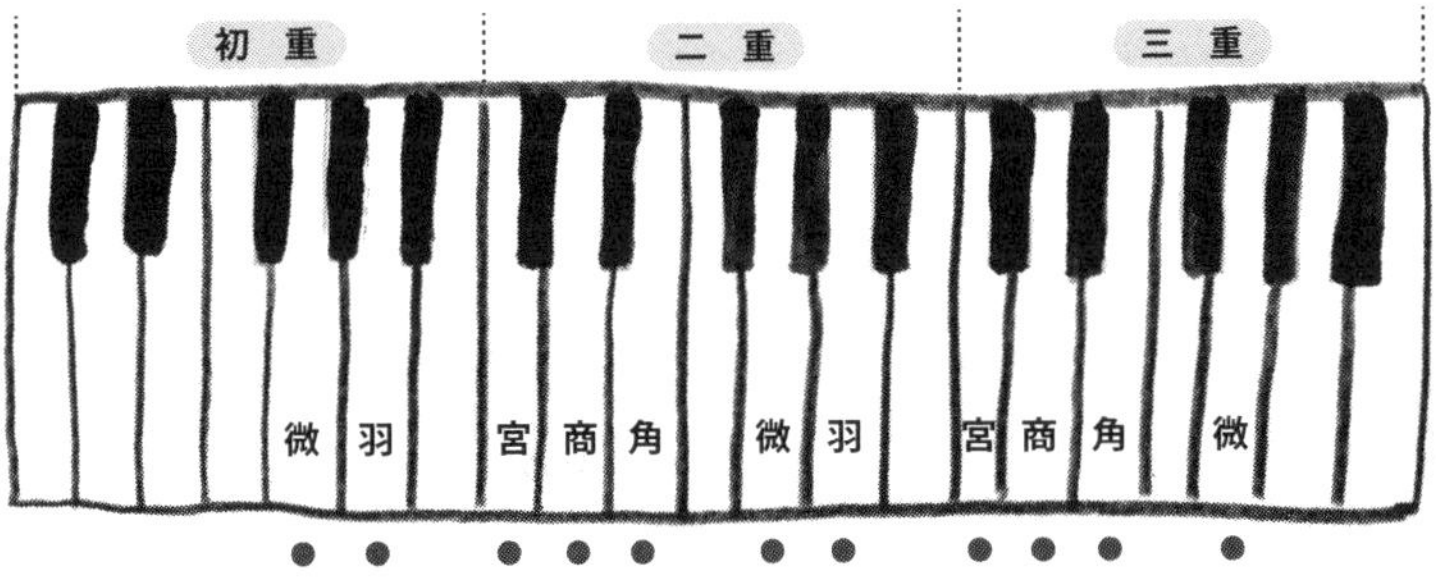

〈実際に声を出す範囲〉

これらは音の高低差の違いだけでなく、たとえば、同じ「ド」をあらわす「宮」の音でも、

・「呂」の曲の時は「玉を並べるように、うるわしくゆらす」

・「律」の曲の時には「真っ直ぐに」

など、音階によって発声のしかたが異なるのも、声明の特徴です。

また、中曲や反音曲の場合、声明の楽理が整ってくる以前から、伝統的にさまざまな構成音を用いてきたことから、宗派や曲によって、異なる構成音が混在しており、呂や律の曲のようにひとつの音階に定めることができないのが現状です。

発声する音の高さについては、進流声明の場合、横笛《おうてき》を使って決定していました。しかし高野山は大師御入定の地であり、楽器の使用が制限されたため、西洋音楽にも「移調」という考えかたがあるように、自分の発声しやすい音の高さで発声してもよいことになっています。

対応する音													
ド	ド♯	レ	レ♯	ミ	ファ	ファ♯	ソ	ソ♯	ラ	ラ♯	シ	ド	音階
宮		商		角		反徴	徴		羽		反宮	宮	呂
宮		商	揚商		角		徴		羽	揚羽		宮	律

呂、律の音階の一例

音の出る仏具

宗派によっても異なりますが、音の出る仏具はたくさんあります。

ご仏壇に御鈴《おりん》を置いていらっしゃるご家庭も多いと思いますし、僧侶がぽくぽくと鳴らす木魚《もくぎょ》もそうですね。またお寺にお参りに行くと、お堂の四隅には風鐸《ふうたく》という風鈴の元になった大きな鈴がぶら下がっていますが、あれも風の音によって鳴り響く、音の出る仏具です。


なぜお寺には、音の出る仏具があるのでしょうか。

それは、音はすべからく「目覚めの音」であり、音それ自体が私たちに何かを気づかせ、悟りをひらかせようとする手段であるからです。この世のすべて

が仏の教えであるということを、五感のひとつである聴覚で感じさせてくれようとしているのです。

さらに、お寺の仏具が奏でる音には、次のようなさまざまな意味が与えられています。

1. 仏菩薩に対して、音による供養をするため。
2. 聞く人すべてに仏のご利益を与え、仏道修行の意欲や人格向上を願うため。
3. 仏を本堂に招く喜びをあらわすため。
4. 音楽を奏して、人々を目覚めさせるため。

音の出る仏具は数多くありますが、ここでは、声明やご詠歌など、仏教音楽に関係するものを中心に、いくつかご紹介しましょう。

音の出る主な仏具

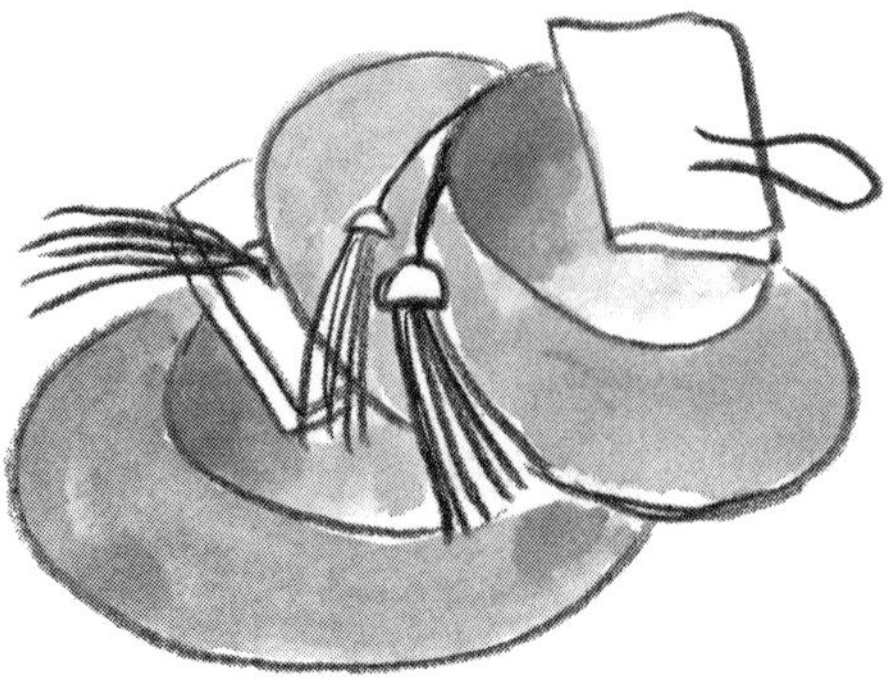

①鐃鈸《にょうはち》

②磬《けい》

③磬《きん》

④金剛鈴《こんごうれい》

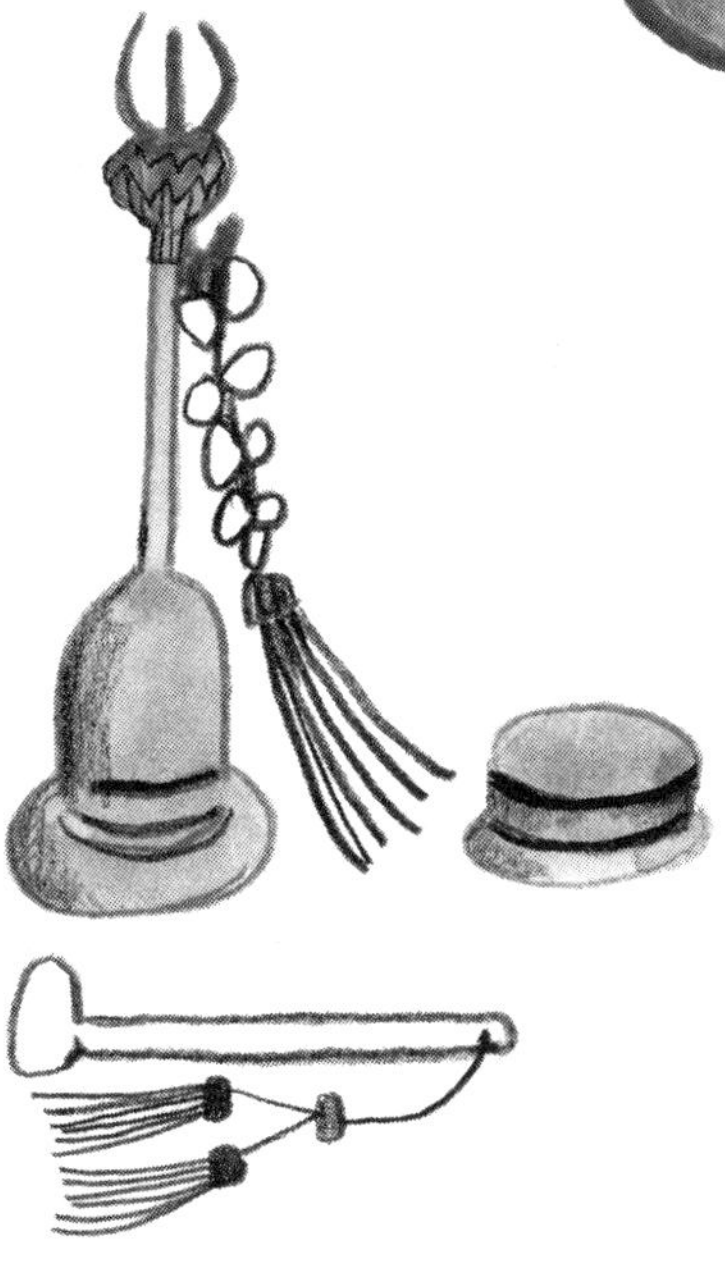

⑤鈴 鉦《れいしょう》

⑥戒尺《かいたく》

■鐃鈸《にょうはち》

お経の前後に唱える「讃」を唱え終わった後に鳴らす、対になった二枚のシンバル状の楽器（鈸《はち》）と、普段は鈸をしまっておく入れ物としても機能する「銅鑼《どら》」（鐃《にょう》）を合わせて鐃鈸といいます。

お経の前後に唱える『四智梵語』などの梵讃や漢讃を唱え終わったときに、所定の回数を叩くのが一般的な用いられ方で、多くの寺院では、法事、葬儀、そのほか多くの法要で使われています。

使い方は「鈸さばき」といって、鈸を鳴らす前から、鈸を鐃にしまうに至るまで、ことこまかな作法が定められていて、鈸のもち方、叩き方、叩くときの角度など、宗派によって定められています。

『法華経』というお経に「鈸の音で供養すれば誰でも仏道を成就する」とあるように、音で気づきを与えてくれる、特徴のある響きを奏でる楽器です。

■磬《けい》

法要を司る導師が、作法や声明の区切りを知らせるために用います。また、供養する人の名前や戒名をひとり読み上げるたびに、あるいは祈願の趣を述べるときにも鳴らします。

中国における雅楽の楽器に由来していて、もともとは平らな石片だったものですが、現在は銅・鉄製がほとんどです。これをひもで吊るし撞木《しゅもく》で打鳴らします。

■鏧《きん》

磬《けい》と同様の役割ですが、こちらは「きん」と呼び、主に家庭の仏壇で使用します。金属製椀型で、「さはり」「打鳴らし」「おりん」などとも呼ばれ、仏壇前でお経をあげるときの前後、区切りで鳴らします。回数やたたく場所が内側か外側かなどは、宗派によって異なりますが、高野山では、お経の前後は強弱2回、内側を自分に向ける方向でたたきます。

■金剛鈴《こんごうれい》

密教法具のひとつで、導師が供養や祈願の修法を行ずるときに使用します。持ち手部分が金剛杵《こんごうしょ》という仏法を守る武器になっていて、その一端に鈴がついています。仏を招き歓喜させ、衆生を目覚めさせ、法要を無事執り行ない、祈願や供養を願うために鳴らすものです。

■鈴鉦《れいしょう》

ご詠歌や和讃を唱えるときに、拍子や拍の句切りに鳴らし、リズムを取り、詠唱をなめらかにするための楽器です。

鈴《れい》、鉦鈷《しょうこ》、鉤杖《しもく》（たたくための棒）からなり、これに加え、ひもや房も楽器の一部としてふくめ、すべてを総称して鈴鉦といいます。

各道具それぞれ、たたく手の動きにも菩薩の働きをあらわし、唱えながら、仏さまの慈悲に救われた喜びを表現しています。

■戒尺《かいたく》（音木《おんぎ》、割笏《かいしゃく》ともいう）

紫檀や黒檀など堅い木を使った木製の鳴り物。もとは金属の鳴り物を使ってはいけない法要のときに、お経の区切りなどに使うものでしたが、現在ではお経の拍子合わせ（リズム取り）などに用います。

拍子木《ひょうしぎ》とも呼ばれ、力士の呼び出し、歌舞伎の効果音、紙芝居や夜警のときに使われるものも、これを由来としています。

声明・お経を読んで感じる

　この項では、ＣＤに収録した声明・お経で唱えられている言葉を紹介します。「四智梵語」は梵讃（サンスクリットのお経を歌にしたもの）、「対揚」「云何唄」「礼文」は漢讃（漢文のお経を歌にしたもの）、「追弔和讃」は和讃、「般若心経」は読経です。

「聴く」、「唱える」に加え、「見る」という感覚を使って、お経の声を感じていただければと思います。

■ **四智梵語《しちぼんご》**

唵《おん》　縛曰羅薩怛縛《ばんざらさとば》　蘓蘖羅賀《そぎゃらか》
縛曰羅羅怛曩摩覩怛覧《ばんざらあらたんのうまどたらん》
縛曰羅達麼誐夜那《ばんざらたらまきゃやたい》
縛曰羅羯麼迦嚕婆縛《ばんざらきゃらまきゃろはんば》

■対揚《たいよう》

南無法界道場《なもほっかいどうじょう》　三密教主遮那尊《さんみっけうしゅしゃなそん》

四方四仏《しほうしぶつ》　證誠密教《しょうじょうみっけう》

当所権現《とうしょごんげん》　威光自在《いこうじざい》

弘法大師《こうぼうだいし》　倍増法楽《ばいそうほうらく》

伽藍安穏《がらんあんのん》　興隆仏法《こうりうぶっぽう》

法性無漏《ほっしょうむろ》　甚深妙典《じんじんめうでん》

所願成辨《しょがんじょうべん》　金剛手菩薩《こんごうしゅぼさっ》

■云何唄《うんがばい》

云《うん》何《が》得《とく》長《じょう》壽《じゅ》
金剛《こんごう》不《ふ》壞《え》身《しん》
復《ぶ》以《い》何《が》因《いん》縁《ねん》
得《とく》大《だい》堅《けん》固《ご》力《りき》

■礼文《らいもん》

帰命十方一切仏《きみょうじっぽういっさいぶ》　最勝妙法菩提衆《さいしょうみょうほうぼだいしゅう》
以身口意清浄業《いしんくいしょうじょうごう》　慇懃合掌恭敬礼《おんごんがっしょうくぎょうらい》
如来妙色心《にょらいめうしきしん》　世間無与等《せけんむよとう》
無比不思議《むびふしぎ》　是故今恭礼《ぜここんきょうらい》
如来色無尽《にょらいしきむじん》　智慧亦復然《ちえやくぶねん》
一切法常住《いっさいほうじょうじう》　是故我帰依《ぜこがきえ》

無《む》始《し》輪《りん》廻《ね》諸《しょ》有《う》中《ちう》
如《にょ》仏《ぶつ》菩《ぼ》薩《さ》所《しょ》懺《さん》悔《げ》
十《じっ》方《ぽう》一《いっ》切《さい》諸《しょ》衆《しう》生《じょう》
一《いっ》切《さい》如《にょ》来《らい》与《よ》菩《ぼ》薩《さ》
十《じっ》方《ぽう》所《しょ》有《う》世《せ》間《けん》灯《とう》
我《が》今《こん》一《いっ》切《さい》皆《かい》勧《くわん》請《じょう》
諸《しょ》仏《ぶつ》若《にゃく》欲《よく》示《じ》涅《ね》槃《はん》

身《しん》口《く》意《い》業《ごう》所《しょ》生《しょう》罪《ざい》
我《が》今《こん》陳《じん》懺《さん》亦《やく》如《にょ》是《ぜ》
二《に》乗《じょう》有《う》学《がく》及《ぎう》無《む》学《がく》
所《しょ》有《う》功《く》徳《どく》皆《かい》随《ずい》喜《き》
最《さい》初《しょ》成《じょう》就《じゅ》菩《ぼ》提《だい》者《しゃ》
転《てん》於《の》無《む》上《じょう》妙《みょう》法《ほう》輪《りん》
我《が》悉《し》至《し》誠《じょう》而《に》勧《くわん》請《じょう》

唯《ゆい》願《ぐわん》久《く》住《じゅう》刹《せつ》塵《じん》劫《こう》
利《り》楽《らく》一《いっ》切《さい》諸《しょ》衆《しう》生《じょう》

所《しょ》有《う》礼《らい》讃《さん》供《く》養《よう》福《ふく》
請《しょう》仏《ぶつ》住《じゅう》世《せ》転《てん》法《ぼう》輪《りん》

随《ずい》喜《き》懺《さん》悔《げ》諸《しょ》善《ぜん》根《ごん》
廻《え》向《こう》衆《しゅ》生《じょう》及《ぎう》仏《ぶつ》道《どう》

■追弔和讃《ついちょうわさん》

人《ひと》のこの世《よ》は永《なが》くして　変《か》わらぬ春《はる》と思《おも》えども
はかなき夢《ゆめ》となりにけり　あつき涙《なみだ》のまごころを
みたまの前《まえ》にささげつつ　おもかげしのぶも悲《かな》しけれ
しかはあれどもみほとけに　救《すく》われて行《ゆ》く身《み》にあれば
思《おも》いわずらうこともなく　とこしえかけてやすからん
南無大師遍照尊《なむだいしへんじょうそん》　南無大師遍照尊《なむだいしへんじょうそん》

■般若心経《はんにゃしんぎょう》

仏説摩訶般若波羅蜜多心経《ぶっせつまかはんにゃはらみたしんぎょう》

観自在菩薩《かんじざいぼさ》　行深般若波羅蜜多時《ぎょうじんはんにゃはらみたじ》

照見五蘊皆空《しょうけんごうんかいくう》　度一切苦厄《どいっさいくやく》

舎利子《しゃりし》　色不異空《しきふいくう》　空不異色《くうふいしき》

色即是空《しきそくぜくう》　空即是色《くうそくぜしき》

受想行識亦復如是《じゅそうぎょうしきやくぶにょぜ》

舎利子《しゃりし》　是諸法空相《ぜしょほうくうそう》
不生不滅《ふしょうふめつ》　不垢不浄《ふくふじょう》　不増不減《ふぞうふげん》
是故空中無色無受想行識《ぜこくうちゅうむしきむじゅそうぎょうしき》
無眼耳鼻舌身意《むげんにびぜっしんに》　無色声香味触法《むしきしょうこうみそくほう》
無眼界《むげんかい》　乃至無意識界《ないしむいしきかい》
無無明《むむみょう》　亦無無明尽《やくむむみょうじん》
乃至無老死《ないしむろうし》　亦無老死尽《やくむろうしじん》

無苦集滅道《むくじゅうめつどう》　無智亦無得《むちやくむとく》　以無所得故《いむしょとっこ》

菩提薩埵《ぼだいさった》　依般若波羅蜜多故《えはんにゃはらみたこ》

心無罣礙《しんむけげ》　無罣礙故《むけげこ》

無有恐怖《むうくふ》　遠離一切顛倒夢想《おんりいっさいてんどうむそう》　究竟涅槃《くきょうねはん》

三世諸仏《さんぜしょぶつ》　依般若波羅蜜多故《えはんにゃはらみたこ》

得阿耨多羅三藐三菩提《とくあのくたらさんみゃくさんぼだい》

故知般若波羅蜜多《こちはんにゃはらみた》

是《ぜ》大《だい》神《じん》咒《しゅ》　是《ぜ》大《だい》明《みょう》咒《しゅ》
是《ぜ》無《む》上《じょう》呪《しゅ》　是《ぜ》無《む》等《とう》等《どう》呪《しゅ》
能《のう》除《じょ》一《いっ》切《さい》苦《く》　真《しん》実《じつ》不《ふ》虚《こ》
故《こ》説《せつ》般《はん》若《にゃ》波《は》羅《ら》蜜《み》多《た》咒《しゅ》　即《そく》説《せつ》呪《しゅ》曰《わつ》
掲《ぎゃ》諦《てい》掲《ぎゃ》諦《てい》　波《は》羅《ら》掲《ぎゃ》諦《てい》
波《は》羅《ら》僧《そう》掲《ぎゃ》諦《てい》　菩《ぼ》提《じ》娑《そ》婆《わ》訶《か》
般《はん》若《にゃ》心《しん》経《ぎょう》

「真理を知った一日を」今しかできないことをする

「追弔和讃」は、亡き人に捧げるご詠歌であるとともに、今を生きる人に向けて、命の尊さと、仏の救いが説かれています。

命がやがて尽きることはわかっていても、とくに若いうちは実感する機会がすくないかもしれません。年齢をかさねたり、大きな病気にかかったり、大切な人の死を経験するなど、人生のさまざまな艱難辛苦によってはじめて、若さや健康のありがたさを実感できたというかたも多いでしょう。

先日、A子さんというかたが、住職に意見を聞きたいとお寺にやってきました。A子さんは40代、ある病気をおもちで、車イスに乗って一人でお越しになりました。

A子さんは病気が原因で仕事ができないことを「社会に対して申し訳ない」と

強く思っていて、腎臓を悪くしている実のお兄さんに自分の腎臓をあげたいと考えています。しかし、命を縮めるリスクが大きすぎるので、医師や家族は反対している、とのこと。それでもA子さんは、仮に自分の命を縮めることになっても、腎臓がお兄さんの中で生きることによって、自分も社会に参加することができる、との強い意志を持っていました。

このことについてご住職はどう思いますかと問われ、言葉につまりました。仮に私の娘に同じ相談をされたら、と考えると、A子さんのご家族が反対する気持ちも理解できるということを正直に伝え、その上でお釈迦さまの言葉を引用させていただきました。

「真理を知らずして百年生きるよりも、真理を知って一日生きるほうが価値がある」

そして、この言葉をまさに実践しようとしているA子さんのご姿勢に尊敬申し上げます、との気持ちを伝えました。

Ａ子さんが望む移植手術をはじめとする医療技術の進歩は、ＩＰＳ細胞や代理出産、延命治療、出生前検診のあり方など、生命倫理に関してのあらたな難問を生みました。

仏教としてどのように向き合うかといわれれば、前述のお釈迦さまの言葉や、諸行無常など、仏教の真理を引用すれば、「手を加えず、与えられた命をまっとうしなさい」ということになるでしょうか。

ただし、もし今の時代にお釈迦さまが生きていらっしゃったなら、すべてを反対とはおっしゃらないようにも思えるのです。お釈迦さまなら、積極的な意志による利他行で得られた命を、どのように生かし、価値を与えるかという側面も見出してもよい、とすこしはみとめてくださると思うのです。

Ａ子さんの、たとえ自分の命を縮めるリスクを負うことになっても、別の場所に移した命の価値を生かし続けたいという強い思いや、それを可能にする医療技術の進歩もふくめ、お釈迦さまは、きっと柔軟に考えられるのではないでしょうか。

人は誰でも弱い存在です。頭ではわかっていても、なかなか行動できなかったり、自分の立場でしか物事を判断できなかったりすることも多いものです。自分が親になれば、自分が子どもだったころのことは棚に上げて、悟ったような顔をして子どもを叱ったりしますが、それでも、仏さまから見ればまだまだなわけであって、特に命という不変の問題に対しては、いわれてすぐに実感できたり、答えが出せるものではないと思います。

人はそんな存在だからこそ、お釈迦さまの教えが2500年にもわたって必要とされ続けてきたともいえるでしょう。

ここで申し上げたいことは、皆がAさんのような生き方をすべきということではなく、皆さんそれぞれが受けもっている日々の役割、命ある「今」しかできないことをしっかりこなすことで、限られた命の尊さをすこしずつ感じていただければということです。

第4章

声明《しょうみょう》を聴《き》きに、お寺に行こう

——お寺とお坊さんを知るQ&A

お寺＝仏さまの声を聴くところ

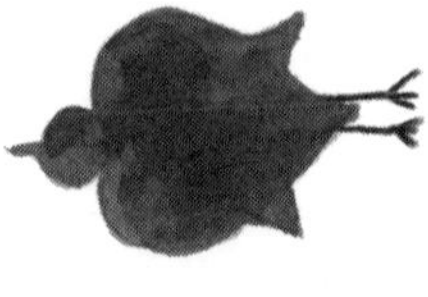

本書に付録のＣＤでも、ご自宅で声明の魅力の一端は感じていただけると思いますが、やはりお寺の本堂で聴く声明には格別の趣と意味があります。機会がありましたら、気軽にお寺に足を運んでみられてはいかがでしょう。

声明をお唱えしているか、または朝のお勤めなどに参加することが可能かなどは、お寺によってさまざまですので、事前にお寺にお問い合わせください。

たとえば高野山の数ある宿坊（参詣者のための寺院の宿泊施設）にお泊まりいただくと、朝のお勤めに参加することができ、荘厳な雰囲気の中、僧侶たちが一心にお唱えする声明や読経に心身をゆだねることができます。また、タイミングがあえば総本山・金剛峯寺や、弘法大師の御廟のある奥の院などで執り行なわれている法会をご覧いただく機会もあることでしょう。

東京でも、高野山東京別院では毎日の朝のお勤めにいつでも参加可能で、多くの人が訪れています。

また、東京・巣鴨の功徳院では、実際に足を運ぶのはむずかしいというかたのために、毎朝の勤行の様子をユーストリームにてネット配信しています。

この世の至るところに、あまねく大日如来の説法が響き亘り、私たちの気持ちの向け方により、自宅でも街中でもその声を聴くことができるのですが、とくにお寺の厳粛な本堂に響いている声明は、仏さまの声を聴き取る感性を高めてくれます。

また、本堂で声明を唱えるときの僧侶は、仏さまと自分、そして聴いている人々が、双方向に感応し合うように努めています。お寺の本堂で声明を聴くとき、あなたのそのときの想いを、僧侶の声明の響きに託し、仏さまに向けてみてはいかがでしょうか。

法会・法要の中の声明

みなさんがお寺でお経に接するのはどんなときでしょうか。

年忌法要のほか、お盆やお彼岸、お正月などお寺が主催する年中行事が一般的かと思います。

ここでは、お寺の行事をより楽しく、意義のあるものに感じていただけるよう、お寺で行なう行事でお唱えしているお経や、その意味などについて、簡単にご紹介します。

ちなみに、お寺で行なう法事や年中行事のことを「法会《ほうえ》」または「法要《ほうよう》」といい、両者の違いは宗派によってさまざまです※。ここでは便宜上「法要」と呼ぶことにします。

法要には、年忌法要や厄除け祈願など、各家庭や個人が主催し、お寺に依頼して行なう比較的小規模なものから、節分やお盆、お彼岸などの年中行事の際、お寺が主催し皆さんを招待して行なう大規模なものまでさまざまあります。

所用時間は、たとえば年忌法要の場合だとだいたい45分～一時間ぐらいでしょうか。

お寺主催の年中行事の場合は、年忌法要に比べて時間は長めです。内容にもよりますが、一時間前後、またはそれ以上の時間になる場合もあるでしょう。とくにお盆の法要では、大勢の檀家さんゆかりの故人名や戒名を読み上げて供養しますので、お経もふくめ、法要全体の所要時間は一時間から二時間以上に及ぶこともあります。

このように法要にもいろいろありますが、いずれにしても、その法要に適したお経を、宗派によって定められた法要の基本形式にのっとって、その都度《つど》取捨選択しているのです。

ここで高野山の法要の形式のひとつを、自分の家に大切なお客さまを招くときの準備や心構えになぞらえて説明してみましょう。

内容	法要	自宅
唄匿	はじまりの声明で本堂のざわつきを鎮める	家の掃除をする
前讃	お経に先だっての声明でみ仏を称え、讃嘆する	歓迎の歌や音楽
お経	法要の中心である説法	説法を拝聴する
祈願文《きがんもん》（諷誦文《ふじゅもん》）など	法要の趣旨を述べる	お招きした趣旨を伝える
諸真言	本尊や、法要に関係する仏の真言を唱える	相手の徳を強調し
廻向	法要の功徳を皆と共有し、わかち合う	喜びをわかち合って散会

おおまかな比較ではありますが、高野山の法要の、導師の修法《しゅほう》と相俟《あいま》って、仏さまを本堂にお迎えし、その徳を称え、説教を聴聞し、再び仏さまを送り出すという内容の一端がご理解いただけたと思います。

ただし、これらの法要がくわしく行なわれると、二時間以上かかる場合もありますので、現実的にはこの形式を遵守しながら、地域性やお寺の事情に合わせ、お経の長さや声明の曲数、真言の回数などを調整しているのです。

このような法要の中身を理解し、さらに本書で紹介している声明が、どの場面で使われるかを知ることによって、お寺の法要をより楽しく、魅力的に感じていただければと思います。

※お寺の儀礼の名称である「法会」と「法要」の定義や違いは宗派によりさまざまです。宗派によっては、両者を区別しない場合もあります。密教の寺の場合は、「盂蘭盆施餓鬼法会《うらぼんせがきほうえ》」「春季彼岸法会《しゅんきひがんほうえ》」のように、儀式全体を法会と呼び、その法会をさらに華やかにするために加える、いくつかのお経、声明で構成された法会の一部分を法要といいます。

お寺とお坊さんを知るQ＆A

ここからは、少しでもお寺や僧侶を身近に感じていただき、気軽にお寺を活用していただくために、意外と知らないお寺とお坊さんについて、よくある疑問をQ＆Aでご紹介していきましょう。

Q お寺に行くときの作法を教えてください

A. 一般のかたがお寺に参られるとき、それほどむずかしく作法を考える必要はありません。仏さま、お寺のご本尊を敬う気持ちを忘れずに、次のような手順でお参りいただくとよいでしょう。

大きな観光寺院ではなく、一般の檀家向けの寺院の場合、留守をされていたり、本堂を法事等で使用している場合もありますので、事前に連絡しておくのがよいでしょう。

基本的な作法

①山門《さんもん》または入り口で一礼する。

門を入れば、結界された清浄な空間なので、大きな声を出さず、脱帽するなど、敬意をはらいます。寺内に仏像があれば、一礼する、など。

②手水舎《ちょうずや》で身を清める。

③常香炉があれば、煙を体にかけて身を清める。

線香や灯明（ろうそく）があれば、それらを購入し、供える。

④本堂前にて。

鈴または鰐口《わにくち》を鳴らす
（お参りに来たことを本尊にお知らせする）。

⑤お賽銭《さいせん》を入れる。

⑥合掌、礼拝。

いきなり「お願いごと」をするのではなく、まず
しっかりごあいさつする。

Q そもそも、お寺とはどういう場所ですか？

A.お釈迦さまが悟りをひらかれ、請われて説法をはじめられたころは、まだ出家した僧侶はすくなく、お寺というものはとくにはありませんでした。しかし、お釈迦さまの弟子が増え、仏教教団として大きな集団になるにつれ、雨期の共同生活や修行の場が必要になりました。これが、お寺がつくられるようになったきっかけです。

お釈迦さまの信者が寄進した土地（精舎）に、お坊さんが住むお堂（僧坊・ビハーラ）を建てました。もちろん当初は仏像はありませんでしたが、お釈迦さまの没後、お墓の原型とされる「仏塔」や、僧侶が修行する礼拝施設「伽藍《がらん》」などが建てられるようになり、現在のお寺に発展したのです。

第4章

声明を聴きに、お寺に行こう
——お寺とお坊さんを知るQ＆A

現代の日本には、さまざまな種類のお寺があります。京都や奈良の大寺院のように、いつでも誰でも気軽に参れる観光寺院から、身近にある、住職家族が運営しているような檀家寺や信者寺と呼ばれるものまで、その成り立ちによってさまざまです。

「寺」という字には役所という意味もあり、もともとは国の役所でもありました。とくに江戸時代は幕府の政策で、住民は必ずどこかのお寺の檀家として所属することとなり、お寺が、修行や供養、祈願の場という本来の業務のほかに、住民の戸籍管理という現在の役所の住民課のような役割も担っていたのです。

日本の寺院の数は約7万7千か寺《じ》といわれますが、コンビニの数よりも多くのお寺があるのはこのような理由もあるのです。

Q
お寺にも種類があるのですか?

A．お寺の分類方法としては各種あり、明確に線引きはできないものの、大きくは次の三つのタイプがあります。

・檀家寺《だんかでら》、供養寺《くようでら》

お布施によって運営され、檀家によって支えられる寺。寺は檀家のお墓を守り、お葬式、法事、お盆やお彼岸などの供養に責任を持ち、主に檀家を対象とした行事を行ないます。

・信者寺《でら》、祈願寺《でら》

檀家に限定せず、健康祈願、交通安全、受験合格、厄除けなどのお願いごとを引き受けます。お札、お守りを提供し、おみくじを引いたりします。宗派によっては祈願という考え方がありません。真言宗では「護摩《ごま》」という炎による祈祷《きとう》も重んじられ、「○○大師」「○○不動」と呼ばれる祈願寺も多いです。

・観光寺、修行寺、本山、学問寺

いわゆる、本山クラスの大きな寺で、歴史も古く文化財的価値の高い仏像やお堂もあることから、結果として観光寺と分類されることがあります。四国八十八か所や西国三十三か所などの霊場に指定されているお寺などもこれにふくまれます。

Q

「本堂」とは何ですか?

A・本堂は、そのお寺のご本尊さまがいらっしゃる場所で、厄や魔物が入り込んで来ないよう、結界《けっかい》で囲まれた清らかな場所です。

ちなみに本堂の呼び名は、宗派や時代によって、呼び方もさまざまですが、ご本尊さまが安置されている台座のことは宗派を問わず「須弥壇《しゅみだん》」といいます。古代インドの宇宙観でいうところの、中心にそびえる須弥山《しゅみせん》という山をあらわすものです。これは、本堂内が宇宙であることをあらわし、ここでご本尊さまが説法していることを意味しているのです。

真言宗の本堂は、「金剛法界宮《こんごうほうかいぐう》」といって、真言宗の本尊、大日如来の住む世界をあらわし、本堂内には、常に仏さまの声明が響きわたっているのです。

Q なぜお寺によってご本尊様が違うのですか？

A．仏教の仏さまはお釈迦さまだけでなく、たくさんの役割を担う仏さまがいます。そのお姿を彫刻した仏像は、お釈迦さまの入滅後に作られたもので、釈迦現世の時代、仏像信仰はありませんでした。

というのも、お釈迦さまは入滅前に弟子たちに、「自灯明《じとうみょう》・法灯明《ほうとうみょう》」つまり、人生でよりどころとすべきは自分自身であり、それを支える教えである、と自身の像などを作ってそれをあがめることなかれと戒められたからです。にもかかわらず、仏像が作られたのは、やはりそのお姿に救われたいという人々の気持ちのあらわれだったのでしょう。

時代が下るにつれ、その時代、国、風土によるさまざまな救いのニーズに応じて、いろいろな種類の仏さまがあらわれました。たとえば病気平癒には薬つぼを持った薬師如来、子どもの供養には地獄を守る地蔵菩薩、祈願成就には、人の決意を高める不動明王、といった具合です。またインド古来の宗教の神が仏教に取り入れられた大黒天や弁財天のような仏さまもいます。

ひとつの仏しか信仰しない宗派もありますが、このように日本の仏教寺院では、たくさんの仏さまが本尊になり得ます。目的に合わせ、たくさんの種類の仏さまに出会っていただければと思います。

Q お寺の行事に参加することはできますか？

A．お寺、宗派によって行事内容は異なりますし、また、檀家のみが参加できる行事もあれば、一般のかたが参加できる行事もあり、さまざまです。
このほか、最近では、お寺のよさを体験してもらおうと、ヨーガや音楽会、カルチャー教室など、さまざまな取り組みをしているお寺もたくさんあります。気になったお寺、行事があれば、気軽に問い合わせてみてください。

これまで一般の人は、自分の家の檀家寺以外のお寺にかかわる機会は多くありませんでした。これらの行事をきっかけに、檀家寺でないお寺にも積極的に足を運んでいただき、ご自分に合ったお寺を見つけて、気持ちの寄りどころとされるのもよいかと思います。

体験型

・巡礼、御朱印
・写経
・座禅
・阿字観
・法話会など

年中行事（宗派によって違います）

・正月の法要
・節分の豆まき
・花祭り（お釈迦さまの誕生日）
・宗祖の誕生日
・お盆、お彼岸
・大晦日など

Q お坊さんは毎日どんな生活をしているのですか？

A．時間帯や細かい内容はお寺によってさまざまですが、ここでは例として一般的な檀家寺と修行寺のお坊さんのある一日を挙げてみましょう。

【お坊さんの一日】

●筆者のお寺の場合（東京・功徳院）

7：50　朝のお勤め
8：30　掃除
8：50　朝礼

（A）法事や年中行事、月例行事がない日

9:00 法務（寺院運営に必要な事務仕事全般）

・問い合わせ、仏事相談などの電話、来客対応
・檀家の名簿管理、諸行事の告知、郵送、準備
・本堂の仏具掃除、塔婆書き、墓地の管理、掃除
・学習、専門分野の研究、戒名を考える
・ボランティアなど寺外の社会活動

（B）法事などがある日

9:00 法事や厄除け祈願などの宗教行事

・お葬式、お通夜、自宅への出張による法事、月参りなど

17:00 夕方のお勤め　本堂戸締り

●修行寺（※修行寺の場合は、宗派によって、かつ修行の段階によって異なりますが、高野山の修行道場での一例を挙げます）

3：30　起床
当番による寺内の供物交換、お供えや修行に使う水を井戸からくみ取るなどの準備
4：00　修行プログラム1「後夜行」
・午前中の一例（各修行プログラムで2〜4時間の幅がある）
6：30　朝勤行
7：30　掃除
8：00　小食（朝食）
8：30　修行プログラム2「日中行」
11：30　斎食（昼飯）
13：00　高野山内の両壇参拝（壇上伽藍＋奥の院）

15:00 修行プログラム3「初夜行」

18:00 夕勤行

19:00 非時食　風呂

20:00 施餓鬼のお勤め

21:00 消灯

Q お坊さんの衣装が気になります

A．宗派によって色、形、着用する場面は異なります。もともとインドでは僧侶の衣装とは、日本で衣と呼ばれるような着物はなく、素肌に巻きつける袈裟《けさ》のみでした。中国、日本に伝わる過程で、気候に合わせ、華美《かび》になったり、衣の上に袈裟を着用するようになりました。

次に挙げるのは高野山の場合です。衣と袈裟はセットで用いられます。

①衣：袍服《ほうぶく》＋袈裟：衲衣《のうえ》

大寺院の正式法会、一般寺院では大きな葬儀や年中行事など、特別なときに着用します。

袈裟の分類としては七条袈裟《しちじょうげさ》といって、何枚もの四角い布をたくさん継ぎ合わせた長方形。この形状が七列であるから七条と呼ぶ。体に巻きつけるように着用します。きらびやかなデザイン。

②衣：空衣《うつお》＋袈裟：五条袈裟《ごじょうげさ》

法事や朝のお勤めなど、一般的な法要に着用する、日常的な正装。

色衣の色は、位によって黒、紫、緋（朱色に近い）がある。

五条袈裟は、七条袈裟の簡略版

で、左肩、左肘に掛けるひもによって着用する。
宗派の寺紋を白く染め抜いた模様（紋白）が一般的。

③衣：褊衫《へんざん》＋袈裟：如法衣《にょほうえ》

修行の時や、毎日のお勤め、護《ご》摩《ま》法要など現世利益を願う祈願法会など、平素の法要で着用。「如法」には「意のままに願いが叶《かな》う」という意味がある。

④衣：改良服＋袈裟：折《おり》五《ご》条《じょう》

正式な衣を簡略化したもの。外出してお参りする際などに着用。
袖の袂が短い、裾のひだがすく

ないシンプルなつくり。首からぶら下げる袈裟は、五条袈裟を簡素にしたもので、折りたたんだようなつくりになっているため、折五条と呼ばれる※。

⑤作務服《さむふく》（作務衣《さむえ》とも）

掃除や日常生活の普段着としても用いる。歴史は意外と浅く、昭和40年頃、一説には永平寺が発祥ともいわれる。それ以前の作業時の服装はアニメ、一休さんが着ていたような、白衣に腰衣をまいたような姿が一般的であった。

※ちなみに在家の場合はお袈裟をつけないので、折五条に準じた輪袈裟（半袈裟）という簡略なものを首からかけます。

本書では密教の声明流派「南山進流声明」を紹介しています。実際に聴いたり、唱えたりすることを通じて、皆さまの毎日に寄り添い、ちからを与えてくれようとする仏さまの存在を、声明の声から直接感じとっていただければと思います。また、本文監修等、高野山の宮島《みやじま》基《き》行《ぎょう》阿闍梨にお世話になりました。

※南山進流《なんざんしんりゅう》声明《しょうみょう》…高野山に伝わる声明の流派。南山は高野山のこと。昔は京都が首都だったので、高野山は京都から見て南あることから南山と呼ばれていた。進流は「大進上人流」の略で、流派の祖である宗観という真言宗の僧侶の呼び名が由来。

12世紀頃、しっかりした楽理もなく、無秩序に唱えられていた声明を整頓しようと、真言宗の声明のエキスパート15人が選ばれ、73日間かけて協議した結果、4つの流派にまとめられた。そのうちのひとつ「進流」という流派が（当初のその拠点は奈良の中川寺だったが）、高野山に移されたときに「南山進流」という名称となった。

松島龍戒（まつしま　りゅうかい）

1968年、神奈川県生まれ。高野山真言宗功徳院住職。一般社団法人現代仏教音楽研究会代表理事。臨床宗教師。

1991年高野山真言宗の僧侶となる。2005年から3年間の高野山修行時、伝統仏教声楽、聲明（声明《しょうみょう》）の魅力に接し、高野山に伝わる南山進流聲明の研鑽と普及を志す。

現在、伝統的声明の研鑽に努めると同時に、「お経は人生の参考書。大変縁起の良いもので、いつでも、どこでも、だれにでも、うれしく楽しく聴いてもらいたい」との思いから、お経・声明の現代的音楽表現の追求に励む。

仏教音楽コンサートやCD、DVD等の情報は→ http://www.tera.or.jp/
功徳院・すがも平和霊苑の行事等の情報は→ http://www.haka.co.jp/

1日10分で呼吸と心が調う
癒しの声明　CDブック

2015年10月10日　第1版第1刷発行

編著者――――松島龍戒
発行者――――玉越直人
発行所――――WAVE出版
〒102-0074　東京都千代田区九段南4-7-15
TEL 03-3261-3713
FAX 03-3261-3823
振替 00100-7-366376

E-mail: info@wave-publishers.co.jp
http://www.wave-publishers.co.jp

印刷・製本――中央精版印刷

NDC140 135p 21cm
ISBN978-4-87290-766-7